シードブック

乳児保育 I・II
科学的観察力と優しい心

古橋紗人子・中谷奈津子　編著

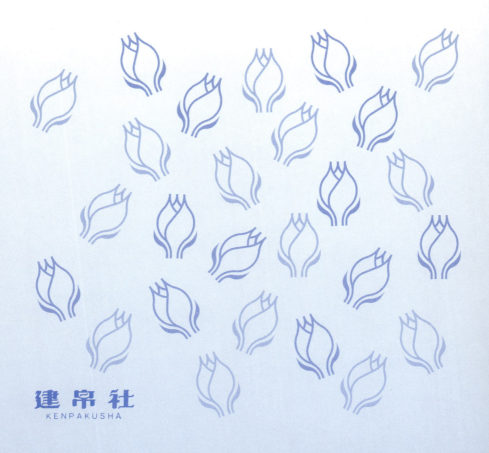

建帛社
KENPAKUSHA

はしがき

　多くの赤ちゃん研究や長期的な追跡調査によって，乳児の有能さが科学的に立証され，乳児を取り巻く人的・物的環境の重要性が強く認識されるようになった。このことは，わが国における乳児保育の重要性と意義を明確にし，保育とその担い手である保育者そのものの質を問うものとなっている。子どもがかわいいという感覚や，従来の経験知だけで保育を行うのではなく，さまざまな学問領域の科学的根拠を基礎に，見通しをもって適切なサービスを提供し，かつ，広い見識から社会の動きを見極め親子の人権を保障するといった，質の高い保育のあり方が期待されるようになっている。

　近年，外国にルーツをもつ家庭やひとり親家庭の増加，子どもの貧困や児童虐待の深刻化など，子どもを取り巻く環境は，ますます厳しいものになってきた。保護者の就労状況から，長時間保育や休日保育，病児・病後児保育等を利用する家庭も増加し，「家庭的」な雰囲気を経験することが難しい家庭の存在もある。一方で，すべての子どもは，適切に養育され，生活を保障され，愛され，保護され，心身の成長・発達やその自立が図られることを保障される権利をもつ。保育所保育指針における基本原則には「現在を最も良く生き，望ましい未来をつくり出す力の基礎を培う」と，策定以来，その目標が大切に掲げられている。乳児保育が一般化した今こそ，家庭と保育所が緊密に連携をとり，子どもの発達を保障していくことが求められている。もちろん，保護者の子育てを支援し，家庭の養育機能を支えることが求められる場面もある。保育所で生活する子どもたちが，今を充実したものとして過ごせるように，また，未来に夢を抱く主体として育ちゆくように，保育者の果たす役割は大きい。

　本書の前身は，2006（平成18）年「科学的観察力と優しい心」をサブタイトルとした「乳児保育」のテキストとして誕生した。多くの保育士養成校や現職の保育者等から使いやすいと評価をいただき，2016（平成28）年には第4版発行となった。新たな保育士養成課程が2019（平成31・令和元）年度から開始されることに伴い，新科目「乳児保育Ⅰ」（講義2単位），「乳児保育Ⅱ」（演習1単位）の両科目を包括したテキストとして，本書の発行に至った。本書に

おいては，初学者が新しい保育所保育指針について理解を深められるように，その理念や内容を網羅的に盛り込んでいる。さらに，保育の実際を少しでも深く理解できるように，コラムやデイリープログラムなども資料として掲載した。特に，デイリープログラムでは子どもと直接かかわらない業務を盛り込み，保育実践の重層性と職員間の連携の大切さを伝えられるようにした。本文中では「保育所」「保育者」という用語で統一しているが，実際には乳児を保育する認定こども園や小規模保育などを含むものとして理解していただきたい。なお，保育士に特化した内容については，「保育士」という用語で説明している。

本書は，長年，保育・教育の研究者として保育者養成にかかわってこられた先生方と，若く情熱的な嘱託医，嘱託歯科医，保健師，そして経験豊富な現職保育士，絵本作家の方々に執筆していただいた。また，編集にあたっては，建帛社に最後まで根気よく見守っていただいた。心から感謝申し上げたい。

本書が，授業や研修で活用され，保育の質向上の一翼を担えれば幸甚である。子どもと家族，そして保育者自身の幸せを願う。

2019 年 5 月

編者　古橋紗人子
中谷奈津子

も　く　じ

SEED

第1章　乳児保育とは …………………………………………………… 1

1. 保育所保育指針における乳児保育の考え方 ………………………… 1

(1) 乳児とは　*1*

(2) 乳児保育とは　*2*

(3) 乳児保育の重要性　*3*

(4) 保育所保育指針の記載にみる乳児保育　*6*

2. 乳児保育に求められる保育者像 …………………………………… 7

(1)「保育者になる」には　*7*

(2) 乳幼児期における保育の重要性と保育者　*8*

(3) わが国の先駆的な乳児の保育と保育者の役割　*9*

(4) これからの保育者に求められる役割　*10*

3. 乳児保育の普及と一般化 …………………………………………… 10

(1) 保育所の普及と乳児保育　*10*

(2) 乳児保育対策と乳児保育の普及　*11*

(3) 乳児保育の一般化　*12*

(4) 乳児保育の利用と女性の就業率の上昇　*12*

第2章　0，1，2歳児の発達理解 …………………………………… 14

1. 保育所保育指針と発達理解 ………………………………………… 14

(1) 3歳未満児保育の必要性と重要性の高まり　*14*

(2) 保育所保育指針とは何か　*15*

(3) 保育所保育おける発達理解　*15*

(4) 発達区分と保育の内容―領域の考え方　*17*

2. 発達の流れと保育 …………………………………………………… 19

(1) 子どもの発達と臨界期　*19*

(2) 新生児　*20*

(3) 乳児期の対他者行動　*22*

（4）乳児期の運動発達　*24*

（5）言語発達　*26*

（6）困った行動　*29*

3.　養護の重要性 ……………………………………………………………29

（1）養護の考え方　*29*

（2）食事と食育　*33*

（3）睡眠と生活リズム　*37*

（4）排泄について　*43*

（5）歯の健康　*47*

第3章　アタッチメント（愛着）と子どもの発達 ………………51

1.「アタッチメント（愛着）」とは何か ……………………………………51

（1）特定の他者にくっついて安全・安心感を得ようとする行動の仕組み　*51*

（2）「アタッチメント」と「愛着」　*52*

（3）アタッチメントに関係する概念　*52*

2.　子どもの発達におけるアタッチメントの重要性 ……………………53

（1）乳幼児期のアタッチメントがもつ特別の意味―心と身体の発達への影響　*53*

（2）心の発達への影響―アタッチメントを通したやりとりで育まれる社会性　*53*

（3）脳と身体の発達への影響　*56*

3.　乳児期におけるアタッチメントの形成と発達のプロセス

　　―4つの段階 ………………………………………………………57

（1）第1段階（出生〜3か月頃）―アタッチメント形成の前段階　*57*

（2）第2段階（3〜6か月頃）―アタッチメント形成の始まり　*58*

（3）第3段階（6か月頃〜2，3歳頃）―アタッチメントの形成と発達　*58*

（4）第4段階（3歳頃以降）―「心の安全基地」の獲得と「自立」　*60*

4.　アタッチメントの個人差 …………………………………………………63

（1）アタッチメントの個人差とは　*63*

（2）個人差はなぜ生じるのか―養育者のかかわり方　*63*

（2）3つのタイプ　*64*

5.　養育者に求められること―「安全基地」の役割を果たすために ………66

（1）敏感性・応答性・一貫性　*66*

（2）見守る姿勢でメリハリのあるくっつき方を　*67*

6. アタッチメントと保育 ……………………………………………………67
  (1) アタッチメントの広がり─母子関係からネットワークへ　67
  (2) 保育者の役割の重要性─アタッチメントを大切にした良質な保育を　68
  (3) 保育の現場で大切にしたいこと　69

第4章　0，1，2歳児保育と計画 …………………………………71

1. 保育における計画の必要性と意義 …………………………………71
  (1) 保育における計画の必要性　71
  (2) 乳児保育における計画の意義　72

2. 保育の計画の種類と作成 ……………………………………………72
  (1) 保育所における「全体的な計画」とは　73
  (2)「指導計画」とは　73
  (3) 3歳未満児の保育における指導計画の作成　78

3. 指導計画の展開にあたって …………………………………………79
  (1) 柔軟な活動の展開　79
  (2) 保育者に求められる多様な援助　80

4. 記録と保育の振り返り ………………………………………………81

5. 指導計画の実際─0，1，2歳児の個別指導計画を例に …………82
  (1) 0歳児クラスにおける個別指導計画の書き方　82
  (2) 1，2歳児クラスにおける個別指導計画の書き方　88

第5章　環境を通した保育 …………………………………………89

1. 行為を働きかけ，応答する環境 ……………………………………89

2. 環境を通して行う保育 ………………………………………………90

3. 乳児の保育における環境 ……………………………………………90
  (1) 安全な環境であること　90
  (2) 安心できる場所であること　92
  (3) 快適な生活が送れる場所　92
  (4) 生き生きと主体的に活動できる環境　96

4. 乳児の音環境 …………………………………………………………99

第6章　乳児の遊びと援助 …………………………………………101

1. 乳児における遊びの重要性 …………………………………………101
  (1) 遊びとは何か　101

（2）乳幼児教育における遊びの位置づけ　*103*

（3）乳児期の遊びを理解する　*104*

（4）保育者の働き　*106*

2. わらべうた・ふれあい遊び ……………………………………… *107*

（1）「わらべうた」とは　*107*

（2）わらべうたの効用　*107*

（3）わらべうたの指導方法　*108*

（4）わらべうたの実際　*109*

3. 絵　　　本 ………………………………………………………… *110*

（1）絵本と保育　*110*

（2）絵本の選び方　*111*

（3）「読み語り」のポイント　*113*

（4）絵本と環境の重要性　*114*

4. 手づくり玩具 ……………………………………………………… *117*

（1）子どもにとっておもちゃとは　*117*

（2）手づくり玩具の有効性　*118*

（3）具体的な手づくりおもちゃ　*119*

（4）製作にあたっての留意事項　*120*

5. 乳児の造形 ………………………………………………………… *121*

（1）乳児の造形とは　*121*

（2）どのような活動があるのだろう―活動のタイプ　*122*

（3）乳児の造形と保育者の援助　*125*

6. 乳児のリトミック ………………………………………………… *126*

（1）リトミックとは　*126*

（2）リトミックの目的　*126*

（3）乳幼児期の発達　*126*

（4）リトミックを行う環境　*127*

（5）リトミックの風景　*127*

第7章　子どもの健康・安全・防災 ……………………………… *130*

1. 子どもの健康・安全 ……………………………………………… *130*

（1）乳幼児の健康　*130*

（2）乳幼児の安全―乳児に多い事故　*139*

（3）安全管理とヒヤリ・ハット　*141*

　2.　子どもと防災 ……………………………………………………………… *144*

　　（1）保育と防災　*144*

　　（2）避難訓練と日々の備え　*146*

第8章　子育て支援 ……………………………………………… *150*

　1.　子育て支援の必要性 ……………………………………………………… *150*

　　（1）就労と子育ての両立の難しさ　*150*

　　（2）乳幼児を知らないまま親になる　*152*

　　（3）育児不安の増大　*152*

　　（4）多様な背景をもつ家庭の増加　*153*

　2.　子育て支援の姿勢と保育所の特性 …………………………………… *153*

　　（1）子育て支援の姿勢　*153*

　　（2）保育所の特性を生かした支援　*155*

　3.　連絡帳の書き方 …………………………………………………………… *156*

　　（1）連絡帳とは　*156*

　　（2）連絡帳の種類　*157*

　　（3）連絡帳の活用と記入　*158*

　　（4）記入上の留意点　*158*

　　（5）今後の連絡帳のあり方　*160*

　4.　他機関との連携 …………………………………………………………… *161*

　　（1）保育所における早期発見とその対応　*161*

　　（2）主な関係機関と連携　*161*

　5.　保育所における地域子育て支援の実際 …………………………… *163*

　　（1）一時預かり保育　*163*

　　（2）子育て広場「わくわく」　*164*

　　（3）「わくわくひろば」の記録から　*165*

　6.　大学における子育て支援 ……………………………………………… *168*

　　（1）大学が行う子育て支援事業のメリット　*168*

　　（2）「すみれがーでん」の活動内容　*168*

　　（3）「ぽっぽがーでん」（自由参加の親子が対象・学生参加なし）　*170*

　　（4）母親同士が語り合う子育て支援の有効性　*170*

第9章　乳児保育における今後の課題と展望 ……………………… 171

1. 待機児童の現状 ……………………………………………… 171

(1) 保育所等待機児童数の状況　*171*

(2) 待機児童解消に向けた対策　*171*

(3) 保護者による「保活」の動き　*172*

(4) 保育の質と量の両立を目指して　*173*

(5) 人口減少社会と保育　*173*

2. 多様化する乳児の保育 ………………………………………… 174

(1) 家庭的保育・小規模保育　*174*

(2) 乳児院　*179*

3. 乳児保育の課題と展望 ………………………………………… 182

(1) 乳児保育における期待と課題　*182*

(2) 保育の質の担保と向上のために　*183*

(3) 保育者のワークライフバランスを大切に　*185*

0, 1歳児デイリープログラム例 …………………………………… 186

離乳の進め方の目安 ………………………………………………… 189

参考文献 …………………………………………………………… 190

さくいん …………………………………………………………… 196

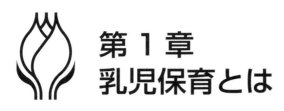

第1章
乳児保育とは

1．保育所保育指針における乳児保育の考え方

(1) 乳児とは

　児童福祉法第4条には，「この法律で，児童とは，満18歳に満たない者をいい，児童を左のように分ける」として，次のように記されている。
　1．乳児　満1歳に満たない者
　2．幼児　満1歳から，小学校就学の始期に達するまでの者
　3．少年　小学校就学の始期から，満18歳に達するまでの者
　このように，児童福祉法の「乳児」は，満1歳に満たない者と定義されている。
　母子保健法でも，「この法律において「乳児」とは，1歳に満たない者をいう」と定義されている（第6条）。なお同条には，「この法律において「新生児」とは，出生後28日を経過しない乳児をいう」ともされており，乳児の中に新生児という区分があることも示されている。
　しかしながら，保育現場では，法律とは異なる解釈も存在する。それは，幼稚園が満3歳以上の幼児を対象としているので，保育所でも満3歳以上を幼児，満3歳未満を乳児とする考え方である。保育所では，0歳だけを特別のクラスにするのではなく，0，1，2歳や0，1歳を年齢混合クラスとして運営することもあるので，3歳未満を乳児クラスにしたり，0歳児と1歳児のクラスを乳児クラスとするなど，乳児を0歳に限定しない慣習がある（入江，2016；八木，2016）。ちなみに日本航空の国際線では，2歳未満を「幼児」，2歳以上12歳未満の子どもを「小児」とするなど，業界によって定義はさまざまである。最後

に，学問的な視点として，心理学における乳児期について述べておこう。心理学では1歳半頃までを乳児期とし（高橋，2013；斎藤，2016），歩行や言葉，知能などの発達を考える際のおおむねの区切りとしている。

（2）乳児保育とは

　乳児を対象とした保育が乳児保育であることはいうまでもない。児童福祉法では満1歳に満たない者を乳児としているので，乳児保育は，厳密には満1歳未満児に対する保育である。しかし，満1歳の誕生日を迎えたらクラス替えをするというのは現実的ではない。また先述のように，乳児にはさまざまな定義やとらえ方についての慣習がある。さらに，保育士等キャリアアップ研修ガイドラインで「乳児保育」の分野は，「主に0歳から3歳未満児向けの保育内容」とされている。こうしたことから，乳児保育のとらえ方には，かなり幅があると考えるのが適当である。

　本書は，保育士養成課程で使用されるテキストを想定して編集した。そのため「指定保育士養成施設の指定及び運営の基準について」（厚生労働省雇用均等・児童家庭局長通知。雇児発第1209001号　平成15年12月9日，一部改正子発0427第3号平成30年4月27日）の別添1の内容を参考にしている。そこには，「「乳児保育」とは，3歳未満児を念頭においた保育を示す」と指定されている。そこで本書でも，「乳児保育」とは，3歳未満児を念頭においた保育と定義しておく。

　なお，2017（平成29）年に改定された保育所保育指針（2018（平成30）年4月施行）は，「第2章　保育の内容」を「1　乳児保育に関わるねらい及び内容」「2　1歳以上3歳未満児の保育に関わるねらい及び内容」「3　3歳以上児の保育に関するねらい及び内容」と3つに区分している。さらに乳児保育では，「健やかに伸び伸びと育つ」「身近な人と気持ちが通じ合う」「身近なものと関わり感性が育つ」という3つの視点，1歳以上3歳未満児の保育では「健康」「人間関係」「環境」「言葉」「表現」という5領域に沿って，ねらい，内容，内容の取扱いが明示されている。したがって，今後の保育現場では，さらに，乳児保育と1歳以上3歳未満児の保育を区別するようになると考えられる。

（3）乳児保育の重要性

　2017 年の保育所保育指針の改定告示により，乳児および 1 歳以上 3 歳未満児の保育に関する記載が充実された。その理由は，以下の 3 つの点で，3 歳未満児の保育の重要性が認識されたからである（社会保障審議会児童部会保育専門委員会，2016）。1 つ目は，この時期は基本的信頼感の形成や学びの芽生えという観点からみて，発達にとって重要な時期であり，その時期の保育のあり方が，その後の成長や社会性の獲得に大きな影響を与えることが明らかになった点である。基本的信頼感の基礎となる**愛着**関係が保護者や保育士等の身近な大人との間に形成されることは，その後の心理社会的発達を着実なものとする準備につながる（例えば，ボウルビィ（Bowlby, J.），1976；エリクソン（Erikson, E.H.），1977；数井・遠藤，2005）。またこの時期の子どもは，主体的に周囲の人やものに興味をもち，直接かかわっていこうとするが，そのような姿を「学びの芽生え」ととらえることで，生涯にわたる学びの出発点を規定することができる。

　2 つ目は，**社会情動的スキル**あるいは**非認知能力**（以下，社会情動的スキル）といわれるものを乳幼児期に身に付けることが，大人になってからの生活に影響を与えることも，近年の研究成果からわかってきた点である。子どもや青年期の若者が現代の社会で成功を収めるには，バランスのとれた**認知的スキル**と社会情動的スキルが必要である。重要な社会情動的スキルの一部は，幼児期から青年期の間に鍛えることができる（OECD, 2018）。社会情動的スキルは，IQ（知能指数）などの認知能力以外の心の性質全般を意味するものであり，その絶対的基盤となるのが基本的信頼感と**アタッチメント**である（遠藤，2017）。

　最後は，近年，3 歳未満児の多くが保育所等（認定こども園，小規模保育事業等を含む）を利用するようになった点である。特に 1，2 歳の保育所等の利用率は，2008（平成 20）年度が 27.6％であったのが，2017 年 4 月 1 日には 45.7％と大きく上昇している。この上昇には，小規模保育事業など新たな保育の受け皿ができたことが大きいが，認可保育所と同様に公費が使われていることを考えると，一定以上の保育の質の担保が必要であるのはいうまでもない。

　このような重要性の認識が高まったことに対して，2008 年に告示された保育所保育指針では，保育の内容がすべての年齢を通じた記載となっており，特に，3 歳未満児に対する部分が読み取りにくいとの声もあった。そこで次に，

4 第1章 乳児保育とは

表1-1 1999（平成11）年通知の保育所保育指針の「ねらい」の記載内容

6か月未満児	6か月以上1歳3か月未満児
(1) 保健的で安全な環境をつくり，常に体の状態を細かく観察し，疾病や異常は早く発見し，快適に生活できるようにする。	(1) 保健的で安全な環境をつくり，体の状態を細かく観察し，疾病や異常の発見に努め，快適に生活できるようにする。
(2) 一人一人の子どもの生活のリズムを重視して，食欲，睡眠，排泄などの生理的欲求を満たし，生命の保持と生活の安定を図る。	(2) 一人一人の子どもの生活のリズムを重視して，食欲，睡眠，排泄などの生理的欲求を満たし，生命の保持と生活の安定を図る。
(3) 一人一人の子どもの状態に応じて，スキンシップを十分にとりながら心身ともに快適な状態をつくり，情緒の安定を図る。	(3) 一人一人の子どもの甘えなどの依存欲求を満たし，情緒の安定を図る。
(4) 個人差に応じて授乳を行い，離乳を進めて，健やかな発育，発達を促す。	(4) 離乳を進め，様々な食品に慣れさせながら幼児食への移行を図る。
(5) 安全で活動しやすい環境の下で，寝返りや腹ばいなど運動的な活動を促す。	(5) 姿勢を変えたり，移動したり様々な身体活動を十分に行えるように，安全で活動しやすい環境を整える。
(7) 安心できる人的，物的環境のもとで，聞く，見る，触れるなど感覚の働きが豊かになるようにする。	(7) 聞く，見る，触るなどの経験を通して，感覚や手や指の機能を働かそうとする。
(6) 笑ったり，泣いたりする子どもの状態にやさしく応え，発声に応答しながら喃語を育む。	(6) 優しく語りかけたり，発声や喃語に応答したりして，発語の意欲を育てる。
	(8) 絵本や玩具，身近な生活用具が用意された中で，身の回りのものに対する興味や好奇心が芽生える。

1歳3か月以上2歳未満児	2歳児
(1) 保健的で安全な環境をつくり，体の状態を観察し，快適に生活できるようにする。	(1) 保健的で安全な環境をつくり，快適に生活できるようにする。
(2) 一人一人の子どもの生理的欲求や甘えなどの依存欲求を満たし，生命の保持と情緒の安定を図る。	(2) 一人一人の子どもの欲求を十分に満たし，生命の保持と情緒の安定を図る。
(3) 様々な食品や調理形態に慣れ，楽しい雰囲気のもとで食べることができるようにする。	(3) 楽しんで食事，間食をとることができるようにする。
(4) 一人一人の子どもの状態に応じて，睡眠など適切な休息をとるようにし，快適に過ごせるようにする。	(4) 午睡など適切に休息の機会をつくり，心身の疲れを癒して，集団生活による緊張を緩和する。
(5) 安心できる保育士との関係の下で，食事，排泄などの活動を通して，自分でしようとする気持ちが芽生える。	(5) 安心できる保育士との関係の下で，食事，排泄などの簡単な身の回りの活動を自分でしようとする。
(6) 安全で活動しやすい環境の中で，自由に体を動かすことを楽しむ。	(6) 保育士と一緒に全身や手や指を使う遊びを楽しむ。
(8) 身の回りの様々なものを自由にいじって遊び，外界に対する好奇心や関心を持つ。	(8) 身の回りのものや親しみの持てる小動物や植物を見たり，触れたり，保育士から話を聞いたりして興味や関心を広げる。
(7) 安心できる保育士の見守りの中で，身の回りの大人や子どもに関心を持ち関わろうとする。	(7) 身の回りに様々な人がいることを知り，徐々に友達と関わって遊ぶ楽しさを味わう。
(9) 保育士の話しかけや，発語が促されたりすることにより，言葉を使うことを楽しむ。	(9) 保育士を仲立ちとして，生活や遊びの中で言葉のやりとりを楽しむ。
(10) 絵本，玩具などに興味を持って，それらを使った遊びを楽しむ。	
(11) 身近な音楽に親しみ，それに合わせた体の動きを楽しむ。	(10) 保育士と一緒に人や動物などの模倣をしたり，経験したことを思い浮かべたりして，ごっこ遊びを楽しむ。
	(11) 興味のあることや経験したことなどを生活や遊びの中で，保育士とともに好きなように表現する。

6   第1章　乳児保育とは

これまでの保育所保育指針の記載内容についてみていくことにしよう。

(4) 保育所保育指針の記載にみる乳児保育

　2008年に告示された保育所保育指針には，「保育の実施上の配慮事項」として「乳児保育に関わる配慮事項」が5項目，「3歳未満児の保育に関わる配慮事項」が6項目記載されているだけであった（これらの項目は現行の指針にも記述がある）。これ以外は，各保育所の創意工夫に任されていたのである。では保育所は，どのように乳児や3歳未満児に対する保育を実施してきたのであろうか。実は1999（平成11）年に通知された保育所保育指針では，発達過程区分ごとにねらいや内容が記載されており，実践現場では，それに基づいててていねいに保育が実施されてきていたのである。表1-1は，1999年通知の保育所保育指針における2歳児までの「ねらい」の記述を示したものである。この表を横に比較してみよう。例えば，6か月未満児では「(1) 保健的で安全な環境をつくり，常に体の状態を細かく観察し，疾病や異常は早く発見し，快適に生活できるようにする」となっているところが，6か月以上1歳3か月未満児では「(1) 保健的で安全な環境をつくり，体の状態を細かく観察し，疾病や異常の発見に努め，快適に生活できるようにする」（下線，筆者）となっている。「常に」がなくなり，「早く発見し」が「発見に努め」になっていることがわかる。当時，「常に」は5分に1回などと考えられており，6か月未満児には5分に1回観察を実施している園もあった。このように1999年の指針では，その時期にどのようなかかわりが必要かが明示されており，これに基づいて保育が展開されていたのである。

　さて，いよいよ現行の指針に焦点を当てよう。乳児保育では3つの視点，1歳以上3歳未満児の保育では，3歳以上児の保育と同じ5領域に沿って，ねらいと内容が記載されている。それぞれについては後の章に譲り，ここでは，3つの視点と5領域の関係に焦点を当てて解説する。この関係を示したものが図1-1である。図の背景は「養護」になっており，すべての視点に養護が前提になっていることが読み取れる。5領域が5つの輪で示されており，その輪が重なっていることもわかるであろう。この時期は5領域が相互に関係しており，分けられないことを示しているのである。

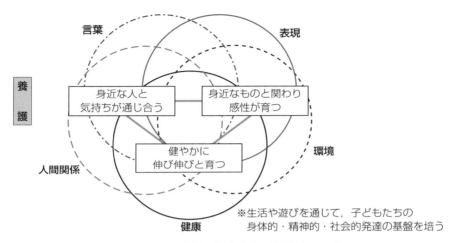

図1-1 0歳児の保育内容の記載イメージ

「健やかに伸び伸びと育つ」という視点は主に「健康」,「身近な人と気持ちが通じ合う」という視点は主に「言葉」と「人間関係」,「身近なものと関わり感性が育つ」という視点は主に「表現」と「環境」の領域の保育の内容との連続性が意識されていることが読み取れよう。ここでもう一度表1-1を見ていただきたい。6か月未満児と6か月以上1歳3か月未満児のところを見ると,バランスこそとれていないようにみえるが,これらの3つの視点が読み取れる。例えば,6か月未満児の(1)(2)(3)は養護に関する「ねらい」,(4)(5)は「健やかに伸び伸びと育つ」,(7)は「身近な人と気持ちが通じ合う」と「身近なものと関わり感性が育つ」,(6)は「身近な人と気持ちが通じ合う」の視点の「ねらい」につながると考えられる。5領域に発展する3つの視点をバランスよく育てることが,乳児保育には求められるようになったといえよう。

2. 乳児保育に求められる保育者像

(1)「保育者になる」には

　保育者になるためにはどのようなステップが必要なのだろうか。特に,乳児保育において求められる保育者の資質や専門性とはどのようなものか,考えて

みたい。入学したばかりの学生たちに「なぜ，保育者を目指そうと思ったのか」と尋ねると，「子どもが好き」という回答が非常に多く聞かれる。また「幼少期に出会った保育者にあこがれて」「あこがれの保育者と同じ職場で働きたい」なども多い。子どもが好き，保育者へのあこがれという気持ちは，保育者になる大きな動機であり，重要な資質であることは間違いない。しかし，それらは保育者になることへの単なる「入り口」にしかすぎない。

　保育者になるには，子どもたちの最善の利益を考慮し，発達を保障するための専門的な知識・技術を蓄え，資格や免許を取得していくことが課せられる。さまざまな知識や技術を学び，資格・免許を取得し，保育施設に就職し，ようやく「保育者」としてのキャリアがスタートする。しかしこの段階では，「保育者になった」とはいえるものの，「保育者として生まれたばかり」の状態であり，実際に子どもたちに寄り添うことはまだまだ難しい。保育の専門性を高めていくためには，保育における安全・安心を基盤としながら，一人ひとりの子どもの発達や状況に応じて保育を展開・省察し，日々研鑽に努めることが必要となる。もちろん，乳児の保育にあたっては，家庭との連携やそれぞれの家庭の状況に応じた子育ての支援を行うことも，非常に重要なものとなる。

（2）乳幼児期における保育の重要性と保育者

　ここで，先達たちの子ども観，保育観を少し振り返ってみたい。

　17世紀に活躍したイギリスの思想家であり哲学者でもあるジョン・ロック（Locke, J. 1632-1704）は，「乳児はタブラ・ラサ（精神白紙の状態）で何も書かれていない文字板（現代のノートにあたる物）」であるとし，子どもの成長や発達に，経験や教育が与える影響の大きさを述べている。もちろん，現代の研究では，乳児の有能さについては，さまざまな角度から解明されていることはいうまでもない。

　19世紀半ば，世界で初めて幼稚園をつくったドイツのフリードリッヒ・フレーベル（Frobel, F.W.A. 1782-1852）は，「幼稚園は，子どもが集う園（花園）である。そして，大人（保育者）は花を育てる園丁（庭師）である」と表現した。園丁は根気よく手間暇をかけて花を慈しみ，育てていくという仕事を担っている。

子どもを慈しむ心をもちつつ，子どもの経験や教育の大切さを認識し，それらを充実させていくためには，専門知識や技術が重視されなければならない。それはまさしく「不易（変わらない部分）」なものとして，現代の乳幼児の教育・保育に求められるものと重なる。

さらに，長期縦断調査の知見から，乳幼児期における教育の重要性が指摘されるようになってきた。例えば，ノーベル経済学賞を受賞したアメリカの教育経済学者ジェームズ・ヘックマン（Heckman, J.J. 1944- ）は，乳幼児期における教育が，将来どのように社会に還元されるのかを膨大なデータをもとに立証し，幼少期におけるいわゆる**非認知能力**（社会情動的スキル）の発達がいかに大切であるかを提示した。このことは，就学前教育・保育に携わる者（＝保育者）の存在と，その専門性の高さが非常に重要であることを示している。

（3）わが国の先駆的な乳児の保育と保育者の役割

日本で最初につくられた保育所は，1890（明治23）年，新潟の私塾静修学校に附設された保育施設であるとされる。私塾には，おむつのとれていない弟や妹を連れてくる貧しい家庭の生徒が多く，それを見かねた設立者の赤沢鍾美・仲子夫妻は，授業が終わるまで乳幼児の面倒を別室でみるようになった。乳幼児は，おむつ替えや食事などのさまざまな世話をしてもらえるようになり，生徒たちの保護者は，感謝の涙を流さんばかりだったという。

また1900（明治33）年，東京の貧民街に設立された二葉幼稚園では，朝7時から門を開け，土曜日も終日保育を行うことで，母親たちの就労や家族の生活を支えた。犬の食べ残しをねだる子どもの姿に心を打たれた当時の園長は，それまでは非合法的に預かっていた3歳以下の子どもを，正式に預かれるようにと，幼稚園の名称を二葉保育園へと変更し（1916（大正5）年），園児への給食の提供も実現させていった。

このように，3歳未満の乳幼児の保育を切り開いてきた先達の姿勢から，それぞれの家庭の実情に寄り添いながら，子どもの発達を保障するための手立てを講じ，子どもが健やかに育つように環境を整え，子どもとともに生きる保育者としての役割を果たしていく，真摯な姿勢を学ぶことができる。

幼児教育学者の大場幸夫（1936-2011）は，「子どもたちと生活をし，共に生き，

10　第1章　乳児保育とは

その成長・発達を照らし示す者」として，保育者を「澪標（川や海を通行する船に通りやすい水路を知らせるために立てられた杭）」に重ねている。そこには「方向を指し示す者」という意味合いと同時に，文字どおり「身を尽くす」という意が込められている。

（4）これからの保育者に求められる役割

　乳児を取り巻く保育の現状は，少子化や核家族化，グローバル化を背景に大きな変貌を遂げており，今後も社会や時代の移り変わりとともに，保育制度や保育の方法など，そのありようは変化し続けるものと思われる。子どもの貧困や保護者の養育力の低下の問題など，時代は変化しても，先達の時代とさして変わらない課題も垣間見える。近年には，乳幼児教育の重要性の高まりとともに，児童虐待の深刻化や外国をルーツとする家庭の増加など，その支援の必要性も指摘されている。こうした社会のただ中にあって，乳幼児期における一人ひとりの子どもの発達保障とその家庭への支援は，大きな課題であると同時に社会的な使命でもある。今こそ，「子どもたちと生活をし，共に生き，その成長・発達を照らし示す者」として，保育者に求められる役割は大きいといえよう。

3. 乳児保育の普及と一般化

（1）保育所の普及と乳児保育

　日本の保育制度は，児童福祉法の成立とともに始まった。現在の児童福祉法第39条では，「保育所は，保育を必要とする乳児・幼児を日々保護者の下から通わせて保育を行うことを目的とする」とされており，保育の対象は，乳児および幼児であることが読み取れる。0歳児であっても，「保育を必要とする」（2015（平成27）年以前は「保育に欠ける」）ということが認定されれば入所できるものと理解されるが，1953（昭和28）年の厚生省児童局「保育の概況」によれば，当時3歳未満の児童の入所は，入所児童全体のわずか1.5％にしかすぎないことが報告されている。また，1947（昭和22）年に保育所制度が開始されてからほぼ20年間は，0歳児はおろか，1，2歳児の低年齢児でさえ，入所することが難しかったことも指摘されている。

3. 乳児保育の普及と一般化　*11*

戦後，女性の就労が増大し，保育ニーズが高まりをみせる中にあっても，乳児を対象とした保育が拡大しない背景として，いわゆる**三歳児神話**といった社会的意識が示唆されてきた。とりわけ，母親に対して家庭での保育責任を求める主張が，社会的にも政策的にも根強く支配的であった。

(2) 乳児保育対策と乳児保育の普及

高度経済成長期になると，就労形態や家族構成の変化，共働き世帯の増加など社会経済情勢が変動し，さらなる保育対策が課題とされるようになった。1969（昭和44）年には「保育所における乳児保育対策の強化について」が通知され，非課税世帯の乳児が一定数在籍する保育所を対象に，保健婦*または看護婦*を1人配置し，3対1で保育を実施することが可能になった。この動きは，乳児保育特別保育対策制度の創設ともいわれている。ちなみに，当時の児童福祉施設最低基準においては，保母*の配置は「乳児又は満3歳に満たない幼児おおむね6人につき1人以上」と規定されていた（*職名はすべて当時のもの）。

乳児保育の対策が一部で進められていても，当時，乳児保育の拡充はまだまだ不十分な状態であった。1970年代に入ると，全国に無認可保育所（当時）が急増し，劣悪な保育環境で保育を受けていた乳児が死亡するという事件が相次いだ。いわゆる**ベビーホテル**を利用する人々の多くは，低年齢児を抱える保護者であったが，「預けたくても，低年齢児を預かってくれる保育所がない」というのが利用の主な理由であった。ベビーホテル問題が世間の耳目を集める中で，劣悪な保育環境を把握していなかった政府に対する批判が高まり，認可保育所における低年齢児の受け入れが不十分であることが，公にも認識されることとなった。

ベビーホテル問題は，児童福祉の観点から看過できない問題である。1988（昭和63）年には，中央児童福祉審議会が「今後の保育対策の推進について」の意見具申を行った。そこでは，乳児保育の対策の見直しを行い，経済的社会的事由により保育に欠ける乳児に対して，適切な乳児保育が確保できる方策を検討することが提言されている。厚生省（当時）はそれを受け，1989（平成元）年「乳児保育事業実施要綱」を制定し，「乳児保育の実施について」を通知するに至っている。この要綱によって，3人以上の乳児が入所する保育所には，特別の保

育単価が適用されることとなった。乳児保育事業を実施する保育所は，「乳児保育指定保育所」として特定され，常に，乳児3人に対して保母1人の体制で保育ができることとなった。

（3）乳児保育の一般化

　1995（平成7）年には，乳児保育指定保育所の承認を受けていない保育所であっても，継続的に少人数の乳児が入所していることを条件に，乳児保育指定外保育所に対する特別補助制度が設けられるようになった。1998（平成10）年には，乳児保育指定保育所制度が廃止され，児童福祉施設最低基準第33条第2項の保育所の職員配置に関する規定が，それまでの「乳児おおむね6人につき……」から，「乳児おおむね3人につき1人以上」と改められ，保育の実施に要する費用も，3対1体制となるよう単価が改善された。この措置により乳児保育は，従来の特別対策から一般の保育所保育サービスの事業に移行したこととなる。つまり，ここで**乳児保育の一般化**が実現したといえよう。さらに，2000（平成12）年には，「乳児保育促進事業」が出され，保育所での乳児の受け入れが年間を通じて容易になるように，あらかじめ，保育士を配置できる制度が整えられるようになった。

（4）乳児保育の利用と女性の就業率の上昇

　以上のような社会的背景と政策動向から，乳児保育の拡充が図られてきた。図1-2を見てほしい。現代における女性の就業率と保育所等利用率の関連が見て取れる。女性の就業の拡大は，保育所等の乳児保育の拡充が支えているといっても過言ではないだろう。

　ただ，乳児保育が一般化してきたからといって，それで乳児を取り巻く保育課題が解消されたわけではない。乳児保育に対するニーズはいまだ高く，待機児童として入所できない乳幼児の存在もある（詳細は，第9章参照）。

　また，女性のみならず，子育て期にある男性やその他の家族の働き方が，不安定であったり，長時間労働を強いられたりするとき，子どもが育つ基盤となる家庭の機能が，脆弱にならざるを得ないこともある。言い換えれば，保育者からの働きかけによる保護者の意識改革や養育力の向上だけでは解決しない問

3. 乳児保育の普及と一般化   13

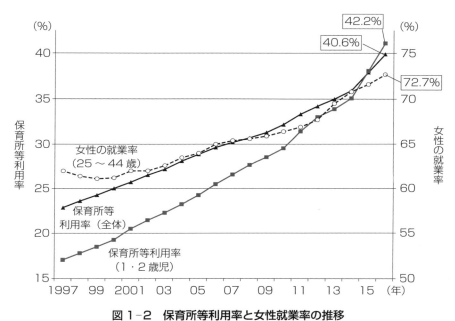

図1-2　保育所等利用率と女性就業率の推移

※2011年は東日本大震災の影響により，全国結果ではなく，岩手県，宮城県および福島県を除く結果。
[厚生労働省「保育所等における保育の質の確保・向上に関する検討会（第1回）参考資料」2018より抜粋]

題も，山積しているのである。乳児保育を行う保育所等では，子育て家庭のみならず，むしろ，これから親になる世代や現在子育てをしていない，かかわっていない人々にも，その機能を開き，乳児保育のもつ意義や限界にもふれつつ，子どもを養育することの重要性を社会全体に啓発していくことも求められているといえよう。

第2章
0, 1, 2歳児の発達理解

1. 保育所保育指針と発達理解

　2017（平成29）年3月，改定保育所保育指針が告示された。これまでの保育所保育指針における保育の内容は，0歳から就学前まで一括して示されるものであったが，改定保育所保育指針では，乳児，1歳以上3歳未満児，3歳以上児と区分されるようになった。以下，保育所保育指針に関する概説と3歳未満児の発達と保育の考え方について述べていく。

(1) 3歳未満児保育の必要性と重要性の高まり

　今日，少子化や核家族化が進行し，地域のつながりが希薄化したことによって，子どもが地域の中で，人々に見守られながら群れて遊ぶという自生的な育ちが困難となった。親自身も，乳幼児とふれあう経験に乏しく，子育てのサポートは得にくい状況にある。そうした中で，親の子育てに対する不安や負担感，孤立感が深刻化し，不適切な養育や児童虐待，子どもの貧困等の問題も顕在化している。さらに，共働き家庭が増加し，1，2歳児を中心とした保育需要が大幅に増大するようになった。

　乳児から3歳未満の時期は，心身の発達の基盤が形成される上で重要であり，乳幼児期における自尊心や自己制御，忍耐力といった主に社会情動的側面の育ちが，大人になってからの生活に影響を及ぼすことも指摘されている。生活や遊びのさまざまな場面で,主体的に周囲の人やものに興味をもち,直接かかわっていこうとするこの時期の子どもの姿は,「学びの芽生え」（厚生労働省：保育所保育指針解説，2018）といえるものであり，生涯の学びの出発点にも結び付

くものでもある。こうしたことから，保育所が果たす社会的な役割がいっそう重視され，3歳未満児の保育の意義をより明確化し，その保育の内容について，さらに充実を図ることが求められることとなった。

（2）保育所保育指針とは何か

保育所保育指針とは，保育所保育の基本となる考え方や保育のねらいおよび内容など保育の実施にかかわる事項と，その実施に関連する運営に関する事項を定めたものである。保育所保育指針は，1965（昭和40）年に初めて策定され，1990（平成2）年，1999（平成11）年の改定を経て，2008（平成20）年の改定において告示化された。さらに2017（平成29）年改定告示され「全ての子どもの最善の利益のためには，子どもの健康や安全の確保，発達の保障等の観点から，各保育所が行うべき保育の内容等に関する全国共通の枠組みが必要である」として，「一定の保育の水準を保ち，更なる向上の基点」となるよう定められた。全国の保育所においては，この保育所保育指針に基づいた保育を実施することが求められており，保育所保育の質を担保する仕組みにもなっている。また，小規模保育や家庭的保育等の地域型保育事業および認可外保育施設においても，この新保育指針に準じた保育を行うこととされており，保育所保育指針は，保育に関する国家基準というべきものである。したがって，保育の実施にあたっては，保育所保育指針に則り，子どもの健康および安全を十分に確保するとともに，子どもの1日の生活や発達過程を見通して保育のねらいや内容を組織的・計画的に構成し，質の高い保育を実践しなければならない。

（3）保育所保育における発達理解

1）保育所における乳児の保育

保育所は，「保育を必要とする子どもの保育を行い，その健全な心身の発達を図ることを目的とする児童福祉施設」（保育所保育指針（2017年改定，以下同）第1章総則1（1）ア）である。したがって，保育者は，乳幼児期の子どもの発達を十分に理解し，入所している子どもの発達に応じた生活の場として適切な保育環境を考慮しなければならない。

児童福祉法にも，「全て児童は，児童の権利に関する条約の精神にのっとり，

16   第2章　0, 1, 2歳児の発達理解

適切に養育されること，その生活を保障されること，愛され，保護されること，その心身の健やかな成長及び発達並びにその自立が図られることその他の福祉を等しく保障される権利を有する」（第1条）と述べられており，子どもの健全な発達を保障していくことは，子どもの人権を保障することともいえる。

2）育ちゆく過程としての発達

　保育所保育指針では，子どもの発達を，「環境との相互作用を通して資質・能力が育まれていく過程」としてとらえている。何かが「できる，できない」といった視点から発達をとらえるのではなく，それぞれの子どもの育ちゆく過程の全体を重視するとらえ方である。したがって，保育においては，子どもの育ちの過程やその特性をふまえ，個人差に留意しながら，一人ひとりの心身の状態や家庭生活の状況などを考慮し，個別的に，ていねいに対応していくことが求められる。また，子どもの現実の姿を発達過程の中でとらえ，子どもが周囲のさまざまな人との相互的かかわりを通して育つ姿を見つめていくことも重要になる。つまり，発達を理解するとは，子どもが周りとどのようにかかわっているかをとらえながら，それぞれの子どもが何を表現しようとしているか内面理解を行い，心身の育ちの過程をとらえることにほかならない。

3）乳幼児の主体性の育ちと保育の環境の重要性

　乳幼児は，自ら環境とかかわることを通して，自ら発達していく存在である。つまり，乳幼児がどのような環境の中で育つか，また，その環境に身をおいた乳幼児が，いかに主体性を発揮していけるかといった，「環境」と「乳幼児の主体性」の相互作用が非常に重要となる。

　したがって乳児の保育においては，豊かで応答性のある保育の環境を構成していくことが求められる。乳幼児にとって興味・関心のもてる環境を準備し，自ら周囲の環境にかかわろうとする意欲を育て，身近な人やものとかかわる直接的な体験を積み重ねていけるようにすることが大切である。また，子どもからの働きかけに応じて変化したり，周囲の状況によって形を変えたりする環境構成への工夫も必要となるだろう。さまざまな体感や気付きから乳幼児が十分に充実感や満足感を味わうことができるように，また，子どもの経験が偏らないように，保育における環境の構成は計画的に考えていく必要がある。保育所保育指針解説においても，「子ども一人一人の状況や発達過程を踏まえて，計

画的に保育の環境を整えたり構成したりしていくことが重要」であり，「環境
を通して乳幼児期の子どもの健やかな育ちを支え促していくことに，保育所保
育の特性がある」と示されている。

　乳児の保育における環境についていえば，触って試すことのできるもの，さ
まざまな感覚が味わえるもの，かかわりによって応答的な反応が楽しめるもの
を準備し，自己活動や探索活動が思うままに十分楽しめる，自由感や解放感の
ある環境と和やかな雰囲気づくりに努める必要がある。

(4) 発達区分と保育の内容―領域の考え方

　人の発達には，構造的な変化が起こる節目があり，その節目によって区分さ
れる。それを発達段階というが，就学前期は乳児期，幼児期に分けられる。

1) 乳児の発達と保育の内容

　乳児期とは，医学・生理学的には誕生後1年，心理学的には歩行が可能にな
る1歳3か月，あるいは精神的な基盤ができる1歳6か月の頃までをいう。子
どもを育てる保育の場では，人として生きる基盤のできる3歳までを乳児期と
とらえる場合がある。

　乳児期は，ヒトとしての生物学的基盤と，人として生きるための機能が芽生
える時期である。生物学的基盤とは，授乳，排泄，睡眠など，健康に健やかに
命が育まれるために必要な，生理的な機能ができあがることである。また，人
として生きるために必要な機能とは，離乳および立位歩行が可能になり，言葉
が芽生えて，コミュニケーションしたり自己表現したりできるようになること
を指す。

　日々の生活の中で，乳児は養育者から世話を受けながら生理的な適応を果た
していく。乳児は未熟ではあるが，視線や表情，身体の動きなど，感覚・運動
的行為を通して，自発的に周りとかかわる能動性をもっている。つまり，乳児
は世話されると同時に，自分の意思を声や表情，身体の動きで表出し，養育者
や周囲の大人から応答的に反応してもらう経験を積み重ねていくのである。さ
らに乳児は，養育者との応答的なやりとりを通して，自己の存在に気付き，自
己肯定感を育んでいく。こうした生理的適応や人として生きる機能の芽生えに
は，乳児自身の身体・運動および認知機能の発達に負うところが大きく，その

過程における養育者や保育者の果たす役割もまた大きい。養育者との間に**アタッチメント**が形成されると、乳児は、そこを**安全基地**として探索活動を広げ、感覚運動的な遊びを行い、周囲の世界と自分のつながりを形成していく。

このような乳児の特異性をふまえ、保育所保育における乳児保育に関するねらいと内容は、身体的発達に関する視点「健やかに伸び伸びと育つ」、社会的発達に関する視点「身近な人と気持ちが通じ合う」、および精神的発達に関する視点「身近なものと関わり感性が育つ」という3つから示されている。ここで示された保育の内容は、養護における「生命の保持」および「情緒の安定」にかかわる保育の内容と一体的に展開されるものである（第1章参照）。

また、乳児が安定した生活を送るためには、保育所生活と家庭生活とを滑らかに連動させていく必要がある。乳児の生活状況や健康状態、日常的変化など保護者と情報を共有し、その中で子育てへの相談や助言をしながら、保護者の生活状況や子育てへの意向を理解する姿勢が求められる。

2）1歳以上3歳未満児の発達と保育の内容

1歳を過ぎると歩行が可能になり、さらに、探索活動や感覚・運動的な遊び、身体的なやりとり遊びが活発化する。手先も使えるようになって、さまざまな試しを楽しむようになる。そうした中での養育者や保育者とのかかわりを通して、乳児は目の前の実物（意味されるもの）を、言葉（意味するもの）や他のものに置き換えて表現し始める。また、ふりや模倣をしながら一語文で伝えようとし始める。こうした行動は、養育者や保育者との情緒的な絆を安全基地として展開されるが、身体的な発達に伴って、次第に興味・関心が周りの環境に向けられるようになり、養育者や保育者との分離が始まる。

2歳の頃になると、走る、跳ぶなどの身体運動や手先の運動機能が発達し、自分の意思でからだを動かしたり、指先を使ったりできるようになり、生活行動が滑らかになってくる。また、脳の表象機能の発達が始まり、目の前のものをさまざまなものに見立てたりまねたりして、一人遊びを楽しむようになる。独り言を言いながら一人二役をして遊んだり、養育者や保育者を相手に、見立てやふりでやりとりをして遊んだりすることを好むようになる。

またこの時期になると、自我の芽生えから、身近なことを自分ですることに興味をもち始め、日々の生活の中で、何でも自分でしようと自己主張する姿が

みられるようになる。それは，「自分の存在」とともに「他者の存在」にも気付き，他者と異なる自分という自己の固有性への気付きからもたらされるものである。この頃，手にしたものを自分から手放すことができず，癇癪を起こし情緒的に混乱して，養育者や保育者への依存と反抗を繰り返す姿もみられるが，やがて自分の内と外の世界に気付き，癇癪を起こすことが少なくなっていく。さらに人とかかわることを自分から求め，他の子どものしていることに興味をもつようになる。相手のすることをじっと見つめて自分も同じことをし，相手に自分を重ねて，「同じである」ことを楽しむ。そうした経験を通して，自分と他者の差異にも気付くようになっていく。

　こうした発達の特徴をふまえ，保育所保育指針では，子どもが経験を積み重ねていく姿をさまざまな側面からとらえられるように，1歳以上3歳未満児の保育の「ねらい」および「内容」を，3歳以上児と同様に，心身の健康に関する領域「健康」，人との関わりに関する領域「人間関係」，身近な環境との関わりに関する領域「環境」，言葉の獲得に関する領域「言葉」，および感性と表現に関する領域「表現」と，5つの領域で示している。それらの内容は，乳幼児の発達は未分化であることから，養護と一体となって展開されるものである。もちろん，乳児の3つの領域と1歳以上3歳未満児の5つの領域は連動するものであり，発達の流れを意識して保育の内容を構成していく必要がある。

2. 発達の流れと保育

(1) 子どもの発達と臨界期

　母体内において卵子と精子が出会った後から私たち人間の発達は始まっており，その後，天命を全うするまでの間，生涯をかけて発達を続ける。子ども時代は人生の中でも特に大切なものを身に付ける時代で，子ども時代に人生が決まってしまうかのように考える人もいるかもしれない。確かに，子ども時代は大切な時期である。子どもとかかわる養育者や保育者は子どもたちとしっかりと向き合う必要がある。

　臨界期という言葉がある。これは，ある機能を得るためには環境条件を整えないといけないリミットがあり，その時期を過ぎてしまうと，その機能を得る

ことができないという考え方である。外的基準音との比較なしに任意の音の音高を特定できる，あるいは，指定された音高を生成することができる能力を絶対音感というが，絶対音感の発達には臨界期があると考えられている。レネバーグ（Lenneberg, E.H.）は，言語は幼児期から思春期頃までに完全に習得され，それ以後に学習を開始しても不十分にしか習得が行われない，という言語習得の臨界期仮説を主張した。現在では，こうした臨界期の考え方のほかに，環境条件の効果が最もみられやすい時期があるのではないかという考え方もあり，そうした考え方の研究では感受性期や敏感期といった言葉が用いられているが，臨界期，感受性期，敏感期に関しては明確な結論が出ている概念ではない。

いたるところでグローバル化がいわれている現在では，幼児期から外国語を習っている子ども，外国語教育を取り入れている保育現場等が散見される。しかし，こうした早期教育が有効であるという科学的根拠は少なく，本当に早期教育を行うべきかはわからない。

このようにみていくと，子ども時代が特に重要だという考え方を支持するだけの材料は不十分であり，子ども時代だけではなく，人間の一生すべてが重要であると考えたほうがよさそうである。人間は，いくつになっても多くの可能性を秘めている存在であり，生きている間に「良く」も「悪く」も変わっていくことができると考えたほうがよいだろう。

(2) 新 生 児

1）生理的早産

哺乳動物の多くは，出生直後に立ったり，歩いたりできるが，人間は約1年経たないと歩くことができない。このように，ほかの哺乳動物と比較すると未熟な状態で生まれてくることを，ポルトマン（Portmann, A. 1897-1982）は，**生理的早産**といった。それでは，赤ちゃんは完全に無力な存在として生まれてくるのかというと，そうでもない。すでに胎児期に触覚が出現しており，出生前後には視覚や聴覚もでき始めている。

新生児期とは，出生から満28日未満をいう。出生までは酸素摂取，栄養摂取，体温調節等を母体に依存しているが，出生後は，自分で呼吸をしなければならない。体温調節もある程度は可能であるが，養育者等による衣服，空調等の調

節が必要である。

2) 生理的微笑から社会的微笑へ

この時期には，**新生児微笑（生理的微笑）**（図 2-1）というものがみられる。これは唇を横に広げ，ニヤッという表情をして笑っているように見えるというものだが，快感情が伴う微笑でも，コミュニケーションの一環として行われる微笑でもなく，生理的に生じているものであると考えられている。しかし，その微笑を見た人は幸せな気持ちになり，「かわいい」などの言葉を思わず発してしまうことも多い。こうした気持ちが養育行動にもつながるので，子ども，養育者等の双方にとって"ウィン・ウィン"の関係が成立するわけである。誰がこうしたメカニズムをつくり出したのかはわからないが，うまくできているものである。ちなみに新生児微笑は，生後 1，2 か月が過ぎると消えていき，その後，養育者等が笑いかけたら微笑み返しをするようになる。これが**社会的微笑**といわれるものである。この頃は誰に対しても微笑する傾向があり，そのピークが 3 か月頃にあることからスピッツ（Spitz, R. 1887-1974）は **3 か月微笑**と命名している。その後は相手を選択して微笑むようになっていく。

3) あいまいな自他の区別

新生児期の特徴として，自他の区別があいまいであるということがあげられる。それは身体だけでなく，感情も区別があいまいである。身体に関しては自分の身体と抱っこしてくれている他者の身体の区別が明確ではない。しかし，生まれてから自分の指をしゃぶったり，他者のからだにふれたりしながら徐々

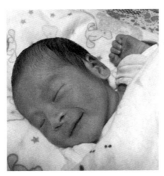 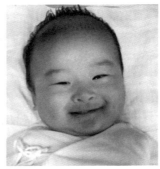

図 2-1　新生児微笑（左：生後 1 週間）と社会的微笑（右：生後 2 か月）

に自らの身体像を明確にしていく。自分の指をしゃぶったり，自分の身体にふれたりすると，ふれている感覚とふれられている感覚の2つの感覚がある。これを**二重感覚（ダブルタッチ）**というが，他者にふれたときには二重感覚が生じない。こうした差異を経験していく中で，自らの身体像を徐々に明確にしていくわけである。一方，感情に関しては，生後間もない赤ちゃんを抱っこしているときに，ほかの赤ちゃんが泣き出すと，抱っこしている赤ちゃんも泣き出すことがある。これを**情動伝染**というが，これも自他の区別があいまいであるために生じるものである。また新生児は，他者が舌を出してみせると同じように舌を出す。このように，新生児が他者の顔の動きなどを模倣する現象を，**新生児模倣**という。この新生児模倣が**心の理論**などの他者理解の発達の基盤にあるという考え方もされている。ちなみに，心の理論とは，他者の心の状態を推測する心の機能のことであり，子どもがサリーとアン課題（①サリーとアンが，部屋で一緒に遊んでいる。②サリーはボールをかごの中に入れて部屋を出て行く。③サリーがいない間にアンがボールを別の箱の中に移す。④サリーが部屋に戻ってくる。こうした流れを説明した後に「サリーがボールを取り出そうとするとき，最初にどこを探しますか」と質問する。心の理論がしっかりと発達していれば，「かごの中」と答える）などの誤信念課題に取り組むことにより，その子どもの心の理論の発達状況を確認することができる。

（3）乳児期の対他者行動
1）アタッチメントと人見知り

　生後1歳ぐらいまでを乳児期という。新生児微笑が消え，社会的微笑がみられるようになるが，最初は誰に対しても微笑む。その後は，相手を選択して微笑むようになる。このように最初は誰に対しても何かを行い，徐々に相手を選択するという発達の流れは，さまざまな発達においてみられる。具体的には，ボウルビイ（Bowlby, J. 1907-1990）が提唱したアタッチメント理論におけるアタッチメント行動，他者への同情的態度等においてみられる。

　アタッチメント理論は，かつては愛着理論として翻訳され，わが国で普及したが，この訳語が本来の意味をうまく表現できていないのではという指摘から，愛着ではなく，アタッチメントと表記するようになった（詳細は，第3章）。こ

の理論では，不安等の不快感情を感じた際に，アタッチメント欲求（くっつくことで安心・安全感を感じたいという欲求）が生じ，アタッチメント行動を示すと考える。ここでいうアタッチメント行動とは，乳児期であれば，泣く，声を出す等があげられる。自力で移動できないときにこうした行動を示すことで，養育者等に近くに来てもらうわけである。自力で移動できるようになれば，後追いをするなどの行動が，アタッチメント行動に該当する。いずれにしても，アタッチメント行動をとることにより，養育者等との近接を果たそうとするのである。

　そして，問題はその後である。養育者等が応答的で適切な対応をしたならば，子どもは安心を感じられるようになり満足するが，こうした対応がなされない場合は，不安等の不快感情が解決されないままになってしまう。応答的で適切な対応をしてもらうという経験を積むことにより，その人物をアタッチメント対象者として認識するようになり，その人物との間でアタッチメントの絆を形成していく。アタッチメント行動は社会的微笑と同じく，最初は誰に対しても示すが，徐々にアタッチメント対象者とそれ以外の人を識別するようになる。生後6か月から8か月頃の間に人見知りがみられ，その時期の子どもとかかわる際に困惑してしまう人もいるかもしれない。しかし，人見知りが出てくるということは，特定の人とのアタッチメントの絆が構築できた証拠といえ，実は喜ぶべきことである。

2）同情的態度の芽生え

　他者への同情的態度の萌芽に関しては，すでに乳児期初期においてみられることが指摘されている。例えば，ボールを落とした人形にほかの人形がボールを返してあげる，あるいは返してあげないという場面を提示すると，乳児は前者のほうを好む。乳児期における特徴は，後の発達過程にみられるような戦略性や選択性がない。つまり，相手を選ばないといえる。しかし，2歳児にもなれば，相手の特性や自分との親密性等を考慮して，向社会的行動を示すかどうかの選択的判断が行われることも示されている。電車の席に座っていると高齢者が乗ってきて，自分の傍で立っている。こうした状況で席を譲る人もいれば，譲らない人もいる。すべての人に対して向社会的行動を示すのがよいとはいわないが，こうした状況であれば，乳児に学ぶ必要がある。

(4) 乳児期の運動発達

　発達は，未分化な状態から徐々に分化していく（図2-2）。また，各機能がほかの機能と無関係に分化していくのではなく，目的に応じてほかの機能と有機的なつながりをもち，1つのまとまりをもって働くようになる。これを統合という。運動機能の場合であれば，ぎこちない未分化な運動から徐々に，手や足の滑らかで正確な運動へと分化していく。また手単独など，単独の運動だけではなく，目と手，右手と左手などの協応運動が可能となっていく。

　生まれたての赤ちゃんは，モロー反射（両手を広げて抱きつくような反射），把握反射（何かを乳児の手の平においたとき，指が閉じて握ろうとする反射）等の原始反射を示す。こうした動きはあくまでも反射であり，意識的に動かしているものではない。脳の機能が発達してくると次第に原始反射が消失し，意識的，能動的な運動が徐々に活発になっていく。以下では，乳児期の運動機能の発達について具体的にみていくこととする。

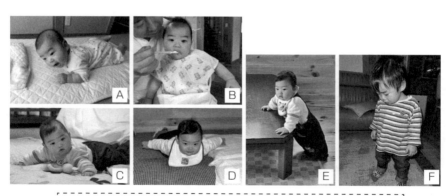

　A（4か月頃）首がすわり，頭を上げている時間も徐々に長くなった頃
　B（6か月頃）支えられて座っている
　C（7か月頃）ピボットターンをして一時停止
　D（7か月頃）グライダーポーズ
　E（9か月頃）つかまり立ち
　F（14か月頃）一人立ち，一人歩き
　　　　　　　（時期はあくまでもモデルの子どもの一例にすぎない）

図2-2　運動機能の発達（1）

1）首のすわり

　生まれたばかりの赤ちゃんは，自分の頭を自力で支えることができない。こうした赤ちゃんを抱っこする際には，頭とからだを包み込むようにしなければならないため，初めて赤ちゃんを抱っこする者は，失敗したらどうしようと不安な気持ちになるかもしれない。

　赤ちゃんは，最初は仰向けに寝ているときなどに，首を左右に動かしながら首の筋肉が強くなっていく。その後，うつ伏せにした際に，短時間であれば首を持ち上げることができるようになる。首の筋肉等がさらに強くなっていき，首を持ち上げる時間が長くなっていく。こうしたプロセスを経て，4か月頃に首がすわる（この頃にはモロー反射が消失）が，当然のことながら個人差がある。首がすわってくると，支えられると座ることができるようになるし，また，寝返りもできるようになっていく。ピポットターンやグライダーポーズをする子どもも出てくる。ピポットターンは，うつ伏せの状態で行われる動きで，例えば，子どもが右側方にあるおもちゃをとりたいときに，腹部を支点にしてからだを右側に回転させ，向きを変えるというものである。グライダーポーズもうつ伏せの状態で行われ，腹部を支点にして両手，両足を持ち上げ，あたかも飛行機が飛んでいるようにする体勢のことである。寝返りも含め，これらの動きをしていく中でからだが徐々に鍛えられ，次の新たな運動につながっていく。

2）一人で座る

　7，8か月頃になれば，支えられることなく，独力で座位ができるようになっていく。座位ができるようになると両手が自由に使えるようになり，目の高さがそれまでよりも高くなる。こうした変化に触発されるかのように，周囲のものへの興味・関心がますます強くなっていき，探索活動も盛んになっていく。座位ができるようになったからといって安心していると，急にバランスを崩して倒れてしまうこともあるため，倒れても危険のないように，クッションをおくなど配慮が必要である。

3）ハイハイから一人立ちへ

　座位がしっかりとできるようになれば，手掌を床につけ，体幹は宙に浮かせたハイハイ（四つ這い）が9か月頃にみられるようになる。図2-3で最初は，ハイハイをしており，その後，座位へと変形させている。行動範囲も広くなり，

図2-3　運動機能の発達（2）
（9か月頃，ハイハイから座位へ体勢を変えている）

移動スピードも徐々に速くなっていく。さらに，つかまり立ちや伝い歩きが始まると，ハイハイで移動して，立って手が届きそうだと思えば，実際に手を伸ばしてとろうとする行動も出てくるだろう。その際に，危険なものにふれてしまう場合もあるし，バランスを崩して転倒してしまう場合もあるかもしれない。子どもの運動機能が発達するのはとても喜ばしいことであるが，発達するにつれて，安全性への配慮をしっかりとしていかなければならない。

　最初の誕生日を迎える頃には一人立ちができるようになり，その後，一人歩きができるようになる。

(5) 言語発達

　最初の誕生日を迎える頃に，初語（初めての有意味語）があらわれる。「ママ」等の一語文がそれに該当する。初語以降は，次々と有意味語を覚え，それを使ったコミュニケーションをとるようになっていく。しかし，初語以前において，子どもがまったくコミュニケーションをとろうとしていないかというと，大間違いである。初語以前において子どもたちは，有意味語を使わない別の方法（泣き，微笑，クーイング，喃語等）でコミュニケーションをとっているのである。また，周囲の人間が話す有意味語をまったく理解していないかというと，そうでもない。

1）言葉がけ，語りかけの大切さ

　言語発達を促すためには，言語刺激が重要であるといわれている。言語刺激は，初語以降になって初めて必要になるのではなく，出生直後から必要である。赤ちゃんの気持ちを推測しながらの，真心を込めた言葉がけをしていくことにより，言語発達が促されていくだけではなく，アタッチメントの絆を形成することにもつながるし，赤ちゃんの精神発達にもつながってくる。例えば，急に犬がほえてきて泣いている子どもに対して，抱っこをしながら「怖かったね。もう大丈夫。よしよし」といった言葉をかける。すると，泣いている子どもは徐々に安心して泣きやみ，落ち着いていくことだろう。こうしたやりとりを積み重ねることで，アタッチメントの絆が形成されていくし，また〈怖かった〉〈大丈夫〉〈よしよし〉等の言葉を覚えていく。言語を覚えていくことだけではなく，自らの感情を表現する言葉として〈怖い〉等の言葉を知ることになり，それは自らの感情を理解することにもつながっていく。幼い頃より，こうした感情に関する言葉がけをしてもらうという経験を積み重ねてきた子どもは，自分の気持ちを理解できる人間になっていくといわれている。有意味語をある程度使って，自分の考えや気持ちを少しでも語ってくれる幼児と比べ，乳児の場合は，有意味語以外のさまざまな情報から，その気持ちを推測していく必要がある。それだけに非常に難しい側面があるといえるが，逆に考えると，有意味語以外の情報から推測して気持ちが通じ合えたと実感できたときの喜びは，格別だと思う。

　初語が出現した後は，徐々に語彙を増やしていく。そして1歳半を過ぎると，表出語彙数が爆発的に増加していく。これを**語彙爆発**（あるいは**ボキャブラリー・スパート**）という。その後，二語文（例「パンパン（パンのこと），ない」），三語文（例「ニャーニャー（猫），マンマ，たべた」）と発達していく。

2）表象機能から象徴遊びへ

　言語発達と密接な関係があるのが，ものの姿が見えなくともそのものについて考えたり，思い起こしたりするという**表象機能**であり，ちょうど1歳半から2歳の時期にあらわれ，語彙爆発と重なる。表象機能の次には，思い浮かべたものを別のもので表現する**象徴機能**が出現する。こうした表象機能，象徴機能が発達してくると，図2-4のような**象徴遊び**がみられるようになる。図2-4

の子どもは，階段の手すりの部分を水道の蛇口と見立て，その下で手を洗っているようにして遊んでいるのである。子どもがさらに発達していけば，お店屋さんごっこなどのごっこ遊びもできるようになっていく。子どもが「ワンワン，見た」と言ったときは犬のイメージを思い浮かべ，その上で〈ワンワン〉という言葉を使って表現している。まさに，象徴機能を活用しているわけである。

図2-4 象徴遊び

　言語発達を促すための1つの方法として，遊びの中で象徴遊びを取り入れるというものがある。そのほかに，テレビやビデオの視聴時間が長い場合は，時間を減らす，あるいは視聴しないようにしてみるといった方法がある。実際にテレビ等の視聴をやめ，その時間でさまざまな人とコミュニケーションをとるようにしたことで，言語発達が促進されたというケースは少なくない。ちなみに，日本小児科医会による提言では，2歳まではテレビやビデオの視聴を控えるとされており，この時期の子どもたちにおいてテレビは，あまりよいとは思われていないことがわかる。ただし，この提言内容に関しては，科学的根拠が乏しいと主張している研究者もおり，テレビ等が絶対悪とはいい切れない。それでも，テレビ等を長時間視聴するために，生のコミュニケーションの時間が犠牲になるのは問題であろう。要は，テレビ等との付き合い方の問題であると思われる。

3) 言語発達の遅れへの対応

　言語発達の遅れに関しては，自宅や保育現場でできる取り組みを行いながら，しばらく様子をみることで，平均的な発達に追いついていくこともある。しかし，障がい等の課題が潜んでいる場合もあり，専門家以外の人による判断は難しい。もしも健診で指摘されたりした場合は，養育者は速やかに，専門機関とつながるようにしたほうがよい。健診で指摘されなかったとしても，気になるようであれば，同様である。一方，保育者が子どもたちの言語発達の遅れが気になった場合，その子どもの養育者との関係性ができていない状態で，いきな

り用件のみを伝えると，うまくいかない可能性がある。また仮に，関係性ができていたとしても，気になる点のみを伝えるのもよくない。その子どものできていることや長所もしっかりと観察し，普段から伝えていくように心がけていく必要がある。

(6) 困った行動

　子育てや保育で子どもとかかわる際に，子どもが困った行動を示すこともある。反抗期は，人間の一生の中で第1反抗期と第2反抗期の2種類があり，前者は2歳を過ぎた頃から，後者は思春期突入後に出てくる可能性がある。双方とも背景に自我の発達があり，反抗期が出てくるということは，自我がしっかりと発達している証しであると考えることができるため，とても喜ばしいことである。しかし，第1反抗期がイヤイヤ期と呼ばれることからわかるように，周囲の者が，してほしいと思うとおりにはしてくれないことが多くなり，ある程度容認できることもあるが，容認できないことも出てくるだろう。

　このほかに，夜泣き，自分の頭を壁に何度もぶつける，自分の腕を噛む，他者のからだを噛む，ほかの子どものおもちゃをとってしまうなど，さまざまな困った行動と遭遇する可能性がある。

　こうした際に大切なことは，しっかりと観察し，記録をしていくことである。その際には，①どのような状況で，②どのような困った行動が起きて，③その結果どのようになったか，といった3点を時系列に記録していくとよい。こうした記録を継続していくと，困った行動が生じる理由や対処方法がみえてくるものである。根気強く観察し，記録していく習慣を身に付けてほしい。

3. 養護の重要性

(1) 養護の考え方

　あなたの居場所はどこだろうか。あなたがあなたでいられるときは，どんなときだろうか。長時間決められた場所で，決められた遊びをさせられたら，どんな気持ちになるだろうか。

　特に，保育所で毎日を過ごす乳児は，自ら選んで保育所にいるわけではない。

30　第2章　0, 1, 2歳児の発達理解

子どもにとって安心して過ごせる「生活の場」となるために，保育所は，健康や安全を保障し，快適な環境であること，さらには，子どもの情緒の安定を図りつつ，その主体性が尊重される場となる必要がある。

保育所保育指針では，「保育における「養護」とは，子どもの生命の保持及び情緒の安定を図るために保育士等が行う援助や関わり」とされ，養護および教育を一体的に行うことを保育所の特性としている。

1）養護の重要性

2017年の保育所保育指針の改定では，養護の重要性が改めて強調された。養護は，保育所保育の基盤であり，保育所保育指針全体にとって重要なものであることから，「養護の理念」が総則に明記されるようになった。

この背景の1つには，保育施設において，毎年十数人の子どもが午睡中などに亡くなっていることがあげられる（表2-1）。子どもたちの命を守り育んでいくことは，あらゆる保育の営みの中で，最も大切にされなければならない。

もう1つは，「子どもの貧困」という，個々の親や家庭だけでは解決が難しい重大な社会問題が指摘される。貧困は，食事等が与えられないといった「経済的貧困」にとどまるものではない。親から無視や暴力を受ける「愛情の貧困」，体験が与えられない「体験の貧困」，言葉がけを受けられない「言葉の貧困」

表2-1　施設別の死亡事故の報告件数　　　　（単位：件）

施設＼年	幼保連携型認定こども園	認可保育所	小規模保育事業	家庭的保育事業	病児保育事業	認可外保育施設	合計
2013	－	4	－	－	－	15	19
2014	－	5	－	－	－	12	17
2015	1	2	1	0	0	10	14
2016	0	5	0	1	0	7	13
2017	1	2	0	0	1	4	8
合計	2	18	1	1	1	48	71

※ 2014年までは認可外保育施設は，地方単独保育施設とその他の認可外保育施設とを分類して把握していない。
※ 2015年の地方単独保育施設における死亡事故は1件（認可外保育施設の死亡10件の内数），2016・2017年は0件。

［厚生労働省（2017）教育・保育施設における事故報告集計，年号等一部筆者改変］

3. 養護の重要性 *31*

表2-2 虐待を受けた子どもの年齢構成 （単位：人）

年度 / 年齢	2000	2005	2010※	2015	2016	2017
総数	17,725	34,472	56,384	103,286	122,575	133,778
0〜2歳	3,522	6,361	11,033	20,324	23,939	27,046
3〜6歳	5,147	8,781	13,650	23,735	31,332	34,050

※2010年度は，東日本大震災の影響により，福島県を除いて集計した数値である。

[厚生労働省 福祉行政報告例，年号等一部筆者改変]

などにも影響しやすいことを理解する必要がある。さらに，物質的に恵まれた子どもであっても，親や周囲の大人から深く愛され，守られている実感がもてない場合もある。貧困の状態におかれた，あるいは，本来与えられなければならない愛情や体験などが乏しい状況にある子どもの育ちを支える役割が，保育所に強く求められてきている。

　また，虐待については表2-2のように，0〜2歳が最も増加していることから，乳児保育には，特に，保護者支援の重要性が求められていると考えたい。

2)「養護」の実際

　a. 生命の保持について：生命の保持には，快適な環境や生理的欲求の充足，健康増進のための取り組みなどが必要となる。まず一人ひとりの子どもが，快適な環境において健康で安全に過ごすには，例えば，保育室の湿度・温度や採光，換気は適切に保たれているか，ドアの指詰めなどの防止や段差への配慮はなされているかなど，身近な環境の整備に目を向ける必要がある。

　また，生理的欲求が十分に満たされる保育とは，授乳や離乳食などで一人ひとりの子どものリズムやペースを把握して行われることがポイントである。その際，特定の保育者が，授乳や食事介助に集中できることが望ましい。子どもの表情や反応に応答的に対応することができ，いつもと異なる様子にいち早く気付くことができるためである。ある保育所の食事場面では，保育者と子どもの1対1の関係を大切に考え，図2-5のように薄地のカーテンで仕切った静かな雰囲気の中で，優しく語りかけながら対応している。

　健康増進を図る保育について，快適な環境だけを考えると，空調の適切な設定が最も望ましいように思われるが，体調に応じて汗を出すことは，身体的に

も精神的にも発達を促すことになる。外気浴や散歩などで季節の変化を感じながら，自分自身の体温コントロールの力を高めていくことも大切にしたい。

b. 情緒の安定について：子どもは，周囲の大人から主体として尊重され，受け止められて初めて，安心して自分の気持ちを表すことができるようになる。また，保育者との信頼関係を拠りどころとしながら，次第に周囲の環境に関心を向けるようになり，活動を広げていく。子どもが安定感をもち，自分の気持ちを安心して表せること，また，周囲から主体

図2-5　1対1の関係

として受け止められることを考慮した，保育者の援助やかかわりが求められる。

① 一人ひとりの生活リズムを見極め，安定感のある生活を

　基本的な生活習慣や態度を身に付けることは，子どもが自分の生活を律し，主体的に生きる基礎となる。しかし，この生活習慣の習得には，"急がせることなく"，適切な時期に援助することが重要である。保育所では，子どもたちが日々の保育の流れに見通しをもち，安心して過ごせるように日課が設けられているが，乳児の場合は，一人ひとりの発達過程や個人差，家庭の状況などにより，授乳や食事，睡眠を欲する時間帯やリズムが異なる。こうした中，画一的な生活リズムの習得を目標にすると，一人ひとりの子どもの欲求に適切に応えることは難しく，子どもの安心感や安定感にはつながらないと思われる。

　特に乳児保育においては，家庭との連携を密にし，子どもの生活全体を見通した上で，一人ひとりの子どもの状態に即した緩やかな日課を考えていくことが望まれる。乳児にかかわる職員が連携し合い，共に保育の体制を考え支えていくことで，施設全体の養護は高まっていく。食事や排泄が「作業」になることのないよう，緩やかな担当制の中で，特定の保育者との愛情豊かな応答的なかかわりを十分に経験できるようにしたい。

② 子どものありのままを認める

3. 養護の重要性　　*33*

　乳児が一生懸命泣いて何かを表現しているとき，単に「機嫌が悪い」ととらえ，子どもの気持ちをそらせて，あやすことに専念していないだろうか。泣きを子どもの欲求や気持ちの「発信」とはとらえず，泣かせないようにすることばかり考えていないだろうか。

　すべての行動には意味があることを理解し，泣いているその原因を探り，傍らで気持ちをしっかり受け止めていくと，子どもは，次第に落ち着きを取り戻していく。不快や怒り，甘えといった，一見，ネガティブにもとらえられる感情も子どもの大切な気持ちであり，すべて素直に表出してこそ，ありのままの姿である。子どもの心情を思いやり，今どんな気持ちであっても，あなたはあなたでいいというまなざしが，養護的まなざしといえる。

③　1人の主体として受け止められる経験を

　近年の研究では，人間は生まれたときから学び始めていることが確認されている。子どもは大人のミニチュアではなく，独自の世界を生きる固有な存在であり，主体的な存在である。しかし，現代においては忙しい保護者のもと，子ども自身が欲求を出せず，「保護者の求める子どもでいること」を強いられることもある。保育所では，子どものありのままの気持ちに寄り添いながら，その子どもの意思をていねいに聞き，尊重していきたいものである。そのためには保育者は，遠くから大きな声を出すというよりも，声が届く距離で，言葉を手渡すように語りかけ，いつも静かに，ゆったりと，温かい口調で子どもに向き合い，かかわっていきたい。遊びや活動に，選択の余地を与え，子どもが「自分で決定する経験」を日常の中で積み重ねられるようにすることが大切である。こうしたかかわりが，「主体として認められた，受け止められた」という子ども自身の実感につながるものであり，子どもの存在を承認していくことでもある。子どもの意思を尊重し，子どもが自己決定を重ねていくことが，「自分が自分でいい」という感覚や，自己を肯定する気持ちを育てることにつながっていくのである。

(2) 食事と食育

1) 食事と食べる力の育み

a. 胎児期から乳幼児期の栄養の重要性：乳幼児期は，成長の著しい時期で

34　第2章　0，1，2歳児の発達理解

表2-3　体重1kgあたりのエネルギーおよび栄養の量

栄養素等 / 年齢	エネルギー (kcal)		たんぱく質 (g)		カルシウム (mg)		鉄 (mg)	
	男	女	男	女	男	女	男	女
1〜2歳	83	82	1.7	1.8	39	36	0.4	0.4
3〜5歳	79	78	1.5	1.6	36	34	0.3	0.3
18〜29歳	42	39	1.0	1.0	13	13	0.1	0.2

［厚生労働省（2014）日本人の食事摂取基準（2015年版）より算出］

ある。そのため，エネルギー，たんぱく質，脂質，炭水化物，カルシウム，鉄分など，1kg体重あたりの必要栄養量は，表2-3のように，青年期の約2倍となっている。また，胎児期から乳幼児期の栄養が生涯にわたっての心身の健康に影響するとされ，この時期，栄養やエネルギーを適正に摂取する必要がある。さらに，摂食面だけでなく，楽しく食べることを体得する時期でもあり，食べる力の基礎を培う上で重要な時期である。

　b. 乳汁栄養：生まれてすぐは，咀嚼能力も消化吸収能力も未熟であり，自ら食品選択を行うことは不可能であるため，大人の保護のもとに必要な栄養を与えられないと，乳児は生きていけない。生後数か月は乳汁栄養のみで成長するが，乳汁栄養には，母乳，育児用調製乳，それらの混合栄養があり，保育所では，育児用調製乳が主になるケースが多い。冷凍母乳の持参を希望する家庭には，それに対応するが，園内の体制について確認していく。

　乳汁（ミルク）の必要量については，身長・体重の成長曲線で確認する。授乳回数，授乳量については，乳児期・離乳期を合わせて，表2-4のようなリズムを目安にして，5，6か月から始める離乳食に備えて，食事時間に合わせて授乳のリズムもとれるようにするとよい。

2）離乳食の進め方

　「食べる」機能は，母乳または乳汁を吸うことから始まり，次第に食物を飲み込む（嚥下機能），押しつぶす，すりつぶすといったプロセスを経て発達していく。その過程を離乳と呼び，機能の発達に合わせた離乳食が必要となる。

　離乳食は，5，6か月を目安にして，遅くとも7か月前には開始する。開始の時期は，「発育良好」，つまり首のすわりがしっかりして，支えると座位が可

3. 養護の重要性 35

表2-4　乳児期・離乳期の1日の食事リズムとミルク量の例

時刻	3〜4か月頃	5〜6か月頃		7〜8か月頃	9〜11か月頃	12〜18か月頃
		離乳食1回	離乳食2回			
6：00	ミ200mL	ミ200mL	ミ200mL	ミ200mL	ミ200mL	朝食＋ミ40mL
10：00	ミ200mL	離＋ミ160〜200mL	離＋ミ160〜200mL	離＋ミ120〜160mL	離＋ミ50〜100mL	おやつ（果物）
12：00						昼食＋ミ40mL
14：00	ミ200mL	ミ200mL	ミ200mL	ミ200mL	離＋ミ50〜100mL	
15：00						おやつミ200mL
18：00	ミ200mL	ミ200mL	離＋ミ160〜200mL	離＋ミ120〜160mL	離＋ミ50〜100mL	夕食＋ミ40mL
21：00	ミ200mL	ミ200mL	ミ200mL	ミ200mL	ミ200mL	ミコップ200mL

※ミルクをミ，離乳食を離と示している。

［飯塚美和子ほか編（2018）最新 子どもの食と栄養，学建書院，p.115を改変］

能となり，食べ物に興味を示し，スプーンを口にあてると押し出すことが少なくなる，などで判断する。離乳食の進め方については，母子健康手帳，「授乳・離乳の支援ガイド」（p.189）を参考にして，子どもの食欲や成長・発達の状況に応じて，食事形態・内容・量を調整しながら進めていく。ただし，子どもの発達は個人差が大きいため，一人ひとりの状況をよく理解・観察し，調整していくことが重要である。

「はちみつ」は，乳児ボツリヌス症予防のため，1歳過ぎるまでは与えない。

3）楽しく，意欲的に食べる

保育者が介助する際には，一緒に「あーん」と大きく口を開けたり，「もぐもぐ」「おいしいね」などと語りかけながら，楽しい雰囲気づくりに努めたい。完食したときには，全量食べた喜びを子どもと共感するようにする。

また，離乳食に慣れてくる頃から自我が芽生え，何でも自分で確認したいという気持ちが強まる。「手づかみ食べ」はそのあらわれであり，食べ物を目で確かめて，手指でつかんで口まで運び口に入れるという，目と手と口の協調運

表2-5 小規模A保育園における実践

時期／年齢	ねらい	実践内容	献立
5月／2歳	嗅覚への反応を緩和する	ピーマンの種を取る	青椒肉絲
6月／1，2歳	食べやすい大きさを考える	キャベツをちぎる	野菜ソテー
9月／2歳	嗅覚，触感になじむ	しめじ，房はずし	ホワイトシチュー
1月／1，2歳	薄い葉の扱い方を経験する	レタスをちぎる	レタススープ

※ 7，8月は感染症発生のため中止
［内藤幸枝・原知子（2018）乳幼児の五感を育てる．日本保育学会第71回大会発表より一部改変］

動につながり，摂食機能の発達に重要な役割を担っている。この段階を経て食器・食具が使えるようになってくる。また，「自分でやりたい」という欲求から，「こぼしながらも，自分で食べる」ことを認めることで，自発的に食べる意欲が育ち，結果として手先の操作性や口腔機能の発達を促すことにつながる。

4）乳児の食育の実際

生まれて初めての食材に出会うと，そのにおいや色，舌触りなどに敏感に反応し，食べることに抵抗を示す子どももいる。表2-5は，味覚以前の拒否反応に対する緩和をねらう「食育」の実践である。調理の初期段階に参加する経験（お手伝い）により，それまで「たべない！　イヤ！」と頑固に拒否してい

コラム：離乳食の介助とフォローアップミルク

生後7，8か月頃の乳児は，よく食べるが，保育者が適量以上を口に入れると「丸飲み」するようになる。噛まずに丸飲みする癖がつくと，普通食になっても噛むことができず，野菜や肉をいつまでも口の中にためるようにもなる。保育者は，モグモグ舌でつぶしてから飲み込んでいるかをよく観察したい。「モグモグね」と，保育者も一緒に口を動かし，「ゴックンしたかな？　お口をあけて見せて」と，子どもの嚥下を確認してから，続きの離乳食をすすめていくことがポイントである。

生後9か月を過ぎても離乳が順調に進まない場合には，フォローアップミルクの併用もできる。ただ，母乳や育児用ミルクの代替品ではないため，離乳が順調な場合には不要である。ほかのミルクより安価であり，味も甘くあっさりしていて子どもはよく飲むので，早々にフォローアップミルクに切り替える保護者もいるが，目的を考えて与えるようにしたい。

（古橋）

た子どもに変化があらわれ，予想以上の成果がみられることは往々にしてある。

たとえばキャベツやレタスを，1歳児が大まかにちぎり，さらに2歳児が一口大にして調理室に持っていくと，栄養士にお礼を言われる。1歳児は参加することに満足し，2歳児は大きさをそろえる課題に応えようと努力する。「食」への関心・意欲・達成感を味わうと同時に，手先の操作性や集中力が身に付く保育である。

(3) 睡眠と生活リズム
1) 出生後の睡眠パターンと睡眠時間

新生児期から学童期にかけて，睡眠と覚醒のパターンは大きく変化する。出生後25週齢にわたる乳児の睡眠をみると，生後1か月以内では，1日のうちで16～17時間を眠って過ごしている。しかし，大人のように6～8時間を眠り続けることはなく，哺乳や排泄のために3～4時間ごとに目を覚ましている。昼夜のリズムはみられず，1日に7～8回の短い睡眠と覚醒を繰り返している。やがて睡眠と覚醒のサイクルは少なくなり，睡眠が夜間に集中するようになって，日中に起きている時間が長くなる。生後2か月近くになると，24時間周

 コラム：乳児期の食育

園でも家庭でも，ピーマンはまったく食べなかった2歳E児（男児）の事例である。ピーマンの種取りを実践した日の夕方，迎えに来た母親がエントランスに提示してある「今日の給食」を見ていると，E児は青椒肉絲(チンジャオロースー)を指さして「Eちゃん，たべた！」「Eちゃん，おうちでもやる！　やりたい！」と母親に伝え，夕食のメニューに青椒肉絲をリクエストしている。担任が給食前後の様子を伝えると，母親は大変びっくりした様子で，「ピーマンを食べたの？　夕食もピーマン食べるの？」と，E児に確認しながら「お手伝いしてくれるの……，ママうれしい」と帰っていった。

次の日の連絡帳には，家庭でも，E児が本当にピーマンの種取りをした様子と，「夕食も完食。今までのEでは想像できないことです」との記述があった。

担任保育士と栄養士は，楽しい経験としての「食育の意義」を再確認したのであった。

（古橋）

期の睡眠覚醒リズムがみられるようになり，生後4か月では，総睡眠時間が14〜15時間になる。生後6か月以降になると，夜間の睡眠時間はあまり変わらないが，日中の睡眠時間が徐々に減少するために，総睡眠時間は短くなる。

　日中の睡眠時間の減少には，昼寝とのかかわりがある。生後6か月では8割の乳児が1日に2回の昼寝をしているが，1歳を過ぎると，昼寝の回数は徐々に少なくなり，2歳児ではほとんどが1日に1回しか昼寝をとらなくなる。3歳では昼寝をしない幼児が出始め，4歳では半数を超える幼児が昼寝をしなくなる。

　このように，新生児は昼夜の区別なく，1日の3分の2近くを眠っているが，生後2か月で，24時間周期の睡眠覚醒リズムがみられるようになる。生後6か月以降では，夜間の睡眠量はあまり変わらないが，昼寝の回数が徐々に少なくなって起きている時間が長くなり，総睡眠時間が減少する。学童期になると，ほぼ成人と同じ睡眠覚醒パターンを示すようになる。睡眠時間には個体差がかなりあるが，乳幼児期に推奨される睡眠時間は，表2-6のとおりである。

表2-6　推奨される睡眠時間

年　齢	推奨時間	許容範囲時間
0〜3か月	14〜17時間	11〜19時間
4〜11か月	12〜15時間	10〜18時間
1〜2歳	11〜14時間	9〜16時間
3〜5歳	10〜13時間	8〜14時間

［Hirshkowitz, M. et al. (2015) Sleep Health より一部掲載］

2）睡眠の構造変化とその役割

　睡眠はレム睡眠とノンレム睡眠に分けられ，これらの睡眠の特徴を表2-7にあげる。**レム睡眠**では眼球がキョロキョロ動く特徴があり，この急速眼球運動（rapid eye movement：REM）の様子から，レムの名称が付いている。この眠りでは，大脳の部分的な活動により覚醒時に近い脳波がみられ，自律神経系に不安定さがあって，心拍数や呼吸数に変動が生じるが，からだの動きはほとんどみられない。この睡眠中には夢を見ることが多く，夢見睡眠とも呼ばれている。**ノンレム睡眠**はレムでない睡眠（non-REM）という意味であり，大脳の活動は全般的に低くなり，寝返りなどのある程度の体動がみられる。この睡眠中の脳波から，眠りの深さが4段階に区分されている。入眠すると，まどろみのある第1段階から第2段階の浅い睡眠を経て，ぐっすりとした第3段階

表2-7　ノンレム睡眠とレム睡眠の特徴

	ノンレム睡眠	レム睡眠
大脳の活動	全般的に低い	部分的に活発に活動
からだの活動	寝返りなどのある程度の動きがある	筋肉がゆるんで，ほとんど動かない
眼球運動	入眠時にゆっくりとした運動がある	すばやい運動がある
心拍数や呼吸数	心拍数や呼吸数は少なくなる	自律神経系が不安定で，心拍数などが変動する
夢	夢はほとんど見ず，見たとしても不鮮明	鮮明な夢を見る

から第4段階の深い睡眠段階に入る。その後は次第に浅い睡眠（第2段階から第1段階）に戻り，レム睡眠へと移行する。このノンレム睡眠からレム睡眠を1セットとして，成人ではおおむね90分の周期で，幼児では40～60分の周期で繰り返される。

　ところで，母親の胎内で胎児の大脳ができて，まずあらわれるのが大人のレム睡眠に相当する眠りである。この眠りは，胎児では**動睡眠**と呼ばれる。この睡眠では，中枢神経系や筋肉系を始動させる信号が出され，胎児が盛んに動くことになる（図2-6）。出生後に働くことになる一連の神経細胞に対して信号を送って刺激し，運動動作を制御する神経回路網を形成し，いわゆる脳をつくっている。出生後はレム睡眠となるが，ここでの神経回路づくりは乳幼児期でも継続され，脳をつくり，脳を育てる役割を担っている。この睡眠は，乳児では総睡眠時間の50％を占めるが，成長とともにその割合は急速に減少し，5～6歳で20％近くなって大人と変わらなくなる。動睡眠に対して，大人のノンレム睡眠に相当する眠りは**静睡眠**と呼ばれる。この睡眠中は体動がなく，静かに眠っており，脳を守る役割を担っている。出生後はノンレム睡眠となり，総睡眠時間の50％を占めるが，やがて加齢に伴って増大し，80％近くを占めるようになる。

　睡眠は，成長に伴って構造的に変化するが，脳やからだを休息させるだけでなく，脳をつくり，育て，修復し，よりよく活動させる役割を担っている。睡

40　第2章　0, 1, 2歳児の発達理解

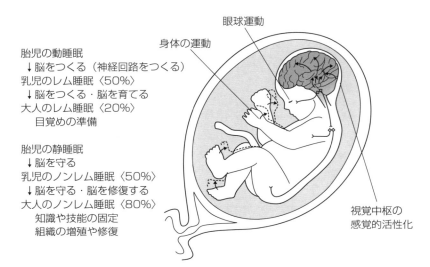

図2-6　胎児の眠りから出生後の眠り
[宮崎総一郎・佐藤尚武ほか編著（2016）睡眠学入門ハンドブック：睡眠の基礎知識〔第3版〕，日本睡眠教育機構，p.2より一部改変]

眠中には学習した知識や技能の固定，再生，消去といった，脳の高次機能が発揮されるとともに，ホルモン分泌を通してからだを修復し，翌日の活動への準備が行われている。寝入りばなの深い眠りで分泌される成長ホルモンは，組織の増殖や修復を図り，暗くなれば分泌されるメラトニンは，夜のからだへと導き，明け方にかけて分泌されるコルチゾールは，目覚めとともに活動できる体制づくりをしている。また，睡眠中には免疫力を高めて病気の予防を図るとともに，脳の老廃物を取り除く働きをしている。一方では，大脳が休息状態から自動的に目覚められるのは，レム睡眠が一定間隔で作動して，覚醒の状態に導くことによっている。

3）生活リズムの基盤に睡眠覚醒リズム

　健康な生活リズムは，およそ24時間の周期で変動する**概日リズム（サーカディアン・リズム）**によって支えられる。中でも**睡眠覚醒リズム**がその基盤にあり，それを支えるポイントとして光の重要性がある。図2-7に示すように，光の作用として，朝には体内時計を担う脳の視交叉上核の働きをリセットし，

3. 養護の重要性　41

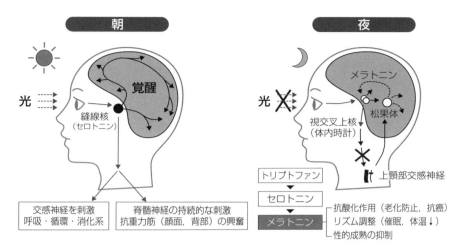

図2-7　体内時計の仕組み
〔宮崎総一郎・佐藤尚武ほか編著（2016）睡眠学入門ハンドブック：睡眠の基礎知識〔第3版〕，
日本睡眠教育機構，p.7〕

25時間に近い周期を地球環境の24時間周期に同調させるだけでなく，脳の覚醒や交感神経系の機能亢進にかかわり，昼夜を切り替える重要な役割を担っている。また，朝の太陽光は，脳の縫線核で必須アミノ酸のトリプトファンからセロトニンの合成に関与する。セロトニンは脳の覚醒度を高めるとともに，種々の活動への適度な緊張を与える役割をもつことから，日中には太陽光を浴びる生活環境の大切さがある。

朝の光を浴びた14～16時間後の暗い時間帯になると，脳の松果体ではセロトニンからメラトニンが合成され，メラトニンの血中濃度の高まりが夜のからだに導いていく。このことから，朝起きて光を浴びた時刻によって夜の眠くなる時刻が決まってくるので，「早寝早起き」というよりも「早起き早寝」という表現のほうが適切となる。昼間に明るい環境のもとで活動的に過ごすと，体温の変動幅が大きくなり，夕方からのメラトニンの分泌を促し，深い睡眠を得ることができる。ところが，メラトニンの分泌は光により抑制されることから，夜には，部屋の明るさを工夫する必要がある。寝る前には部屋を暗くしたり，間接照明にしたり，電球色の照明を選ぶなどの調節である。就床する1～2時間前に部屋の照度を抑えることは，精神的な沈静化にとっても大切であり，副

交感神経系優位のからだに導いていくことにもなる。ただし，午睡においては自然光の明暗リズムに合わせ，特に部屋を暗くする必要はない。

　関連して，寝る前の入浴では熱いお湯を避けるとともに，就床前のテレビ視聴などは大脳を活性化させ，入眠を妨げて中途覚醒の遠因になることから，少なくとも床に就く1時間前には控えることが必要である。就寝中はできるだけ暗くするとともに，翌朝には朝日を少しずつ受光できるように，カーテンを少し開けたり，全開するなどの工夫は，目覚めや起床後のからだの活性化に役立つことになる。また，睡眠覚醒リズムを支える同調因子としての，3度の規則的な食事の摂取や日中の定期的な活動の大切さがあるが，乳幼児では，睡眠儀式ともいわれる眠りの準備の大切さもある。入浴，着替え，歯みがき，排泄，絵本など，寝るまでの一連の流れを習慣づけることが，心地よい眠りに導くことになる。

　乳幼児にとっては，1日全体を通して明暗の変化のもとに身体リズムを安定させることが，夜間に良質な睡眠を得ることになり，昼間の活動を高めることにつながる。乳幼児期における睡眠の問題は，脳やからだの発達に影響を及ぼすだけでなく，その後の学校や家庭でのパフォーマンスに影響を与えることになり，規則正しい睡眠習慣のもとに，生活リズムを整えることの大切さがある。

 コラム：乳児期には個別配慮したい

　0歳児の睡眠時間は，月齢や個体差が大きい。その上，夜泣きをした夜は親子共々ほとんど眠れず，朝方になってやっと熟睡することもある。そしてミルクや食事も取らずに遅く登園したりする。通常は午後1回の午睡になっていても，午前中ひと眠りするとすっきりして機嫌もよくなる。

　ある0歳児クラスの事例である。生活リズムの確立に熱心に取り組むA保育士は，「SIDS予防の睡眠記録」を5分おきに取り，脈拍のチェックもしていた。行政監査が入ったときのこと，睡眠記録を見ていた監査官から「毎日全員が同じ時間に起きているが，これは後で書いたものではありませんか？　不自然ですね」と指摘された。A保育士は，「寝つく時間は違っていても，一斉に起こしています。午後の補食もありますし，夜早く寝つけるように……」と，説明をした。

　乳児期は特に一人ひとりの子どもの1日24時間を視野に入れた配慮もしたい。

（古橋）

3. 養護の重要性　43

（4）排泄について

1）排泄行動の発達

　排泄機能の発達にも，ほかの運動や食事や睡眠の発達同様，大きな個人差がみられる。表2-8に，排泄機能の発達と，それに伴う保育者のかかわりについて示す。

　排尿の仕組みは，おおよそ次のように発達する。

　①腎臓でつくられた尿が膀胱に一定量以上たまると反射で収縮する。②月齢に伴い膀胱の容量が徐々に大きくなる。③膀胱から背骨の中の脊髄神経を経て大脳へ信号が伝わるようになり，たまった感覚（尿意）を感じられるようになる。④大脳から膀胱へ，すぐ排尿しないように抑制し「トイレまで我慢して」の指令が出せるようになる。⑤膀胱の収縮を調節できて，予告して自分の意思での排尿ができるようになるとおむつがはずれる，つまり「排泄の自立」となる。

2）排泄介助のあり方

　1歳半を過ぎると，家庭で排泄のしつけを始めている子どもも多い。けれども，「排泄の自立」には，表2-8に示されるような排泄機能の発達だけでなく，精神的な準備もできていることが必要である。トイレに行くことを嫌がったりするようであれば，まだその時期ではないと考えて，待つことが大切である。

表2-8　排泄機能の発達と保育者のかかわり

	0〜6か月頃	6〜10か月頃	10か月〜1歳半頃	1歳半〜2歳頃	2〜3歳頃
発達の様子	直腸や膀胱にたまると，反射的に出る。	膀胱容量が少し大きくなり無意識にためる。	出る前にモゾモゾして，前を押さえる子どももいる。	膀胱が大きくなり，<u>たまった感覚を覚える</u>。便は予告しやすい。	<u>尿意を感じて，自分からオマルやトイレへ行くようになる</u>。
かかわり方	おむつが濡れていたらその都度替える。	出る回数が減る，感覚やリズムを把握する。	歩行開始後は，「チッチは？」と聞き，仕草などを観察する。	<u>間隔が2時間程</u>になったら積極的に便器（オマル）に座るように促す。	<u>尿意の意思や，サインを確認</u>してトイレへ誘う。

※ 下線は，しつけを始めるポイント

精神的ストレス，例えば，離乳やおしゃぶり卒業，引っ越しや新入園，下の子の誕生などの時期にはストレスが重なるので，無理にすすめない。

排尿間隔が2時間前後あいていることに加え，いくらか言葉のやりとりができること，歩けることなども目安になる。このような個人差や発達過程を理解して，本来の「排泄行為は生理的な快感を味わう楽しい生活の一部である」という原点に返って，保育者のかかわり方を表2-8から学ぶこととする。

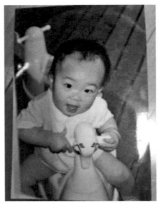

図2-8 オマルで排泄

a. 0～6か月頃：大脳は未発達であるが，排尿後泣く子どももいるし，泣くと腹圧で排尿することもある。「おしっこ，教えてくれたのね」と優しく言葉をかけながら抱き上げて，落ち着かせてからおむつを交換する。そのときに，「きれいにしましょうね」「○○ちゃん，さっぱりして，きもちいいね」などと言葉をかけながら，足の屈伸やマッサージなど，その子どもが喜ぶスキンシップの機会にする。この「快の感覚」と「おむつ交換」が結び付いて，排泄→おむつ交換→楽しいひと時，になる。

b. 6～10か月頃：排尿回数が減るので，間隔やその子のリズムを把握しやすい。一方，寝返りや這うことも活発になる頃なので，寝かされてじっとすることを嫌がり，逃げ回る子どもは多い。しかし，実は，保育者や保護者に追いかけてもらうことを楽しみにしている様子もうかがえる。好きな玩具や絵本など，その子の喜びそうなものを持たせて，楽しみながら交換する方法を考えるとよい。

c. 10か月～1歳半頃：午睡から目覚めたとき，おむつが濡れていない場合に，便器（オマル）に座らせると排尿することがよくある。ただし，嫌がったり，出なかったりするときには短時間で切り上げる。保育所では，他児のまねをして便器に座りたがる子どもは多い。大きい子どもにニコニコついていき，トイレは楽しく心地よいところという雰囲気づくりを心がけたい。

d. 1歳半～2歳頃：ある程度の時間をあけないと，尿意を自覚することは

困難であるから，短時間でトイレに誘わず，2時間をめどにしたい。もし，遊びに夢中になってパンツに排尿した場合などには，その子の排尿間隔を知るチャンスになったと受け止められるくらいの余裕はほしい。ただし，一人ひとりの予告のサインを見逃さないように観察し，タイミングよくトイレに誘えるようにしたい。

　　e. 2〜3歳頃：保育者がトイレに誘うときには，あわてず騒がず，「おしっこいこうね，トイレにいこう」と楽しくトイレに連れていくと，子どもも「でたよー」とうれしそうに伝えてくれることが多い。さらに，「いっぱいしてねー，ぜんぶでたかな」と穏やかな声で，落ち着いた雰囲気の中で介助する。「いっぱいでてよかったね」「さっぱりしたね」などと言葉をかけて，生理的欲求が満たされた気持ちよさに共感したい。

3）便について―下痢と便秘

　便を介して感染する病原体は少なくない。同じ年齢の子どもたちは感受性も似ているためか，保育所では感染症が流行しやすい。下痢などの症状があっても軽いため受診・診断されていない子どももいる。発熱もなく登園可能となった後も，便中には病原体が排出されていることもあり，その期間は数日〜数週間にわたることもある。また，乳児は，感染症にかかった後に腸の粘膜が荒れてしまう結果，ミルクや母乳に含まれる乳糖が分解できない乳糖不耐症という状態になって，下痢が長引くこともある。

　便は，子どものからだからのサインであるので，感染に注意しつつ，よく観察し，子どもの体調の把握に役立てたい。

　また，おむつ交換の際，女児はお腹のほうから肛門の方向へ向かって一方向に拭く（便の中の細菌による膀胱炎などを起こさないように）注意が必要である。男児は，陰茎や陰嚢の裏，太ももの付け根の部位も清潔にすることに気を付ける。

　　a. 下　痢：下痢便を頻回に交換する場合でも，保育者自身，そして周囲の子どもたちを感染から防がなくてはならない。便やおむつを速やかに決められた方法で処理する（ビニール袋に入れる，消毒剤をかける，専用のごみ箱に入れるなど）。

　手洗いを徹底し，おむつを交換する場所などでも決められた消毒をする。そ

して，乳児のデリケートな肌をいつも以上に愛護的に扱ってほしい。保育室のシャワーで流すと周囲への感染リスクが高まってしまうので，ぬるま湯を入れたボトルをシャワー状に噴射して，おむつの上でおしりを洗い流したり，ぬるま湯をひたした布きれやティッシュなどで，こすらず押さえるように拭いていく（おしり拭きの成分で肌が荒れることもあるので，ぬるま湯がよい）。外側から大まかに拭く→肛囲をきれいに→陰部をきれいに，の順番が清潔である。

もし，預かっている保護用の軟膏やオリーブ油などがあれば，清潔になったおしりに，赤くなっている部分より広めに塗ることがポイントである。

b．便　秘：胃腸の消化の力がついてくるが，自発的なからだの運動がまだ少ない生後2～4か月頃，また，母乳からミルクに替えたり，離乳食が始まる時期，汗をよくかく夏などには，乳児でも便秘をしやすい。

　コラム　おむつの交換

　パンツ式の紙おむつを歩行前の子どもが着用していることがある。パンツ式は，便が出ていなければ，子どもを立たせたまま両サイドを破って替えられる上に，あお向けに寝かせたり臀部を上げたりする必要がない。短時間で効率よく交換できるから早々に，パンツ式に切り替えるのであろうか。コミュニケーションを図ったり，足の屈伸などをして「健やかに伸び伸びと育つ」チャンスでもあるが……。

　他者の目には触れない所で，心を込めてていねいに世話をされると，自分が大切に思われていると感じることができる。このような保育から自己肯定感の基礎が培われるのである。

　おむつの交換は，臀部の下に両手を入れて，臀部全体を持ち上げ「きれいにしようね」と語りかけながら片方の手を抜いて替えると，股関節脱臼の予防にもなる。

（古橋）

よい替え方

よくない替え方
（イラスト：わしおみつえ）

おむつ交換をしようとして少ししか出ていない場合は，ぬるま湯などでおしりを拭く際に，肛門を軽くマッサージすると，さらに排便を促せることがある。足の屈伸や腹ばいなど，少し運動させたり，お腹をなでるように「の」の字にマッサージするのも腸の動きを促せる。水分を補う回数を増やすのもよい。ゴツゴツとした便になったり，肛門が切れたり，少量の液状の便が出て肛門が赤くただれてしまうような場合は，一度医療機関を受診するようすすめる。

(5) 歯の健康

子どもの歯の健康を守るためには，何が必要だろうか。第1に正しい「食生活の習慣」であり，次に「歯みがき」である。

1) 望ましい食生活の習慣

大人は，朝昼晩3度の食事だけで，基本的に間食は必要ない。しかし子どもは，一度に食べられる量が少ない上に，動きが活発であり消費も多いため，間食が必要となる。保育所の0，1，2歳児には，午前にも「補食」を提供する。昼の給食がめん類やパンなど軽いものであった日は，午後の補食を「おにぎり」や「お好み焼き」などにして，栄養バランスを考えている。しかし，家庭においては必ずしもそのようではない。

本来，子どもの健全な発育を助けるための補食がお菓子になり，それを食べる回数が増加することが，むし歯を増やす原因となる。わかりやすく極端な例であるが，14時と16時にビスケットを1枚ずつ食べさせるより，15時にビスケット1袋全部食べさせるという発想から，食べる回数を減らすとよい。飲食するものの質や量よりも，食べ物が口に入る回数が重要である。とりわけ夕食後から就寝までの間の飲食は，むし歯のリスクを高める。

お菓子だけが悪いわけではないが，糖分を摂取する頻度の多い生活は，歯以外にも，子どもの肥満などの健康障害につながる。

2) 歯みがき

理想的なみがき方は，「軟らかめの歯ブラシを使い，優しくみがく」ことである。しかし，この方法は，子どもが保護者や保育者等，みがき手の前で寝ころび，約3分間口を開けていられるという条件がつく。

乳幼児の口は想像よりもかなり小さいので，その口の中にある歯を見てしっ

かりみがくには，仰向けに寝かせてみがくことが大切である（図2-9）。横抱きやいすに座らせて，保育者が後ろからみがく方法や，対面でのみがき方では，口の中をしっかり見てみがくことができない。

上の前歯をみがくことを嫌がる子どもには，歯と歯の間の筋（上唇小帯）が大きい場合がある。その場合には歯ブラシが当たりやすいので，図2-10のように人差し指で押さえてみがくとよい。

乳児期から寝かせみがきをしている保育所でも，初めての歯みがきには，慣れるまでは嫌がる子どももいて個人差がある。初めは，あせらずゆっくり進めることが理想といえる。一方，大きく口を開けて得意げに見せる子どももいるので，その子どもたちを大いにほめるとよい。

以下は，集団保育の特徴を生かした「歯みがき」の例である。

① 保育者が楽しそうにみがく様子を子どもたちに見せ，気持ちよさを伝える。

② 歯ブラシを持たずに「口の中見せてね」と，指で歯を触り，「ゴミがついているよ」と，歯ブラシでかき出す。「取れたよ，ほうれんそうだね」などゆっくりかかわり，なぜ，歯みがきをするとよいか，わかりやすく伝える。

③ 2歳頃から食後，いすに座って子どもがみがいてから，その後，仕上げをする。

昼食後と午後のおやつの後，1日2回みがいている保育所もある。1回目は

図2-9　保育者の膝の上で寝かせみがき

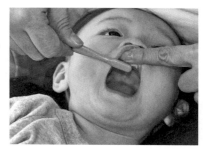

図2-10　上唇小帯の大きい子のみがき方

上の歯，2回目に下の歯と分けてみがくと，1回のみがく時間が短くなり，集中してみがくことができ効果的である。保育の専門職である保育者が，乳児期から子どもの「歯の健康」を守るための正しい知識と，技術を身に付けた実践者であることが理想である。そして，保護者には具体的に，「食生活の習慣」の重要性と「歯みがき」のポイントを，その根拠とともに伝えたいものである。

3) 子どもの口腔内で遭遇しやすい異常

a. むし歯：図2-11のように前歯しか生えていない時期にも，むし歯はできる。このように大きなむし歯があったとしても，乳歯は永久歯と異なり，神経の反応が極端に鈍く，知覚過敏のような「しみる」という感覚がほぼないため，子どもが痛がることはほとんどない。

乳歯は抜けるからと治療に連れていかない保護者もいるが，治療をしないとよく噛んで食べる習慣がつかず「丸飲み」するようになる。むし歯のまま放置しておくと，歯が欠けたり，神経が膿んだりして，最悪の場合，抜歯処置をする可能性もある。早期に乳歯を失うことで将来の歯並びにも影響が出るので，適切な治療が必要である。

b. 外 傷：子どもは思いがけないところで頻繁にけがをする。転んだり，ぶつかったりして口の中を切ったり，歯が欠けたり抜けたりすることもある。小さなけがの場合は，受診の判断が難しく悩むことも多いが，出血部位と，歯の動揺（少し動く，グラグラ動く等）の確認は最低限必要である。出血で傷口がよく見えない場合は，ガーゼやティッシュペーパー等で軽く血を拭き取り，どこからの出血かを確認する。

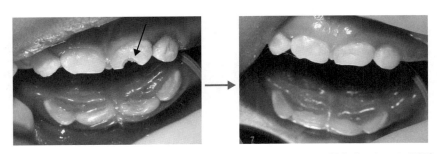

図2-11　前歯にむし歯がある状態（左）とむし歯を治した後（右）（1歳2か月児）

歯が抜け落ちた場合は元に戻せる可能性があるので，歯を洗ったりせず保存液の中にそのまま浸して受診する．ただし，保存液がない場合は，牛乳で代用することが可能である．

 コラム　歯みがき

しつけの4原則*を「歯みがき」を例にして具体的に考えることとする．
① **合理性・科学性**：生えたての歯ほどむし歯になりやすいことを理解する．下の前歯から生えることが多く，下の前歯にはむし歯は少ないが，奥歯には，むし歯の人が多いことを知る．
しつけ（習慣化）について①を理解した上で，②③④を行う．
② **一貫性**：どの保育者や家族の誰がみがいても歯の健康について同じ考え方で歯をみがく．
③ **手本性・モデル性**：保育者が子どもの前でみがき，みがいた後の爽やかさを共感できるとよい．
④ **人間性**：嫌なことは後回しにしたり，やめたくなったりするような弱さが人間にはある．保育者にむし歯があれば，自身の弱い部分も交えながら経験談を話すこともよい．大事なことは，頑張って（歯みがきも）することの大切さであり，それを伝えられるとよい．

「なぜ，歯をみがくのか」を，①②③に基づき，④は自分自身のことも交えて，優しく，時には，熱く語りかける．繰り返し根気強く伝え続けることが，しつけの原点であろう．習慣化したときには「しつけした糸は抜くことができる」といわれる．乳児期には大人の膝に寝かせて，口の中をよく観察することから「歯の健康」に関心をもちたいものである．

（古楷）

[＊　岡本夏木（2005）幼児期——子どもは世界をどうつかむか——，岩波書店，pp.48-49]

第3章
アタッチメント（愛着）と子どもの発達

　子どもが健やかに育つためには，どのような条件が必要だろうか。養育者が子どもに対してどのようなかかわり方をすれば，子どもの発達が促されるのだろうか。保育者が保育所で子どもとかかわるときの心構えとして大切なことは何か。

　こうした問題を考えるとき，1つの重要な手がかりとなるのが，**アタッチメント（愛着）** という考え方である。

　本章では，アタッチメント（愛着）とは何か，それが子どもの発達と保育にどう関係しているのか，なぜ重要なのかを説明し，将来，保育の現場に出たときに，アタッチメント（愛着）の考え方を生かした「質の高い保育」が実践できるようになるためのきっかけをつかむことを目標としたい。

1.「アタッチメント（愛着）」とは何か

（1）特定の他者にくっついて安全・安心感を得ようとする行動の仕組み

　人は誰でも，日常生活の中で，不安を感じたり，時には恐怖を感じる体験をするものである。そんなとき，自分が信頼を寄せる特別の人のことを心の中で思い浮かべて，「そばにいてほしい」「近くにいたい」「声が聞きたい」と思ったり，実際にその人に電話をしたり，会いに行ったりした経験はないだろうか。

　こうした行動は，実のところ，私たちが生まれながらにもっている本能のあらわれだといわれている。つまり，ヒトには，何らかの危機的な状況で不安や恐れを感じたとき，特定の他者にくっつく（attach）ことで安全・安心感を得ようとする行動の仕組みが，生まれながらに備わっていると考えられている。この行動の仕組みのことを，「アタッチメント（attachment）」あるいは「愛着」

と呼ぶ。

　生まれながらに備わっている本能的な行動の仕組みであるから，乳児保育の対象年齢の子どもにも，このアタッチメント（愛着）の仕組みが備わっている。子どもが見知らぬ人と出会ったとき，知らない場所に行ったとき，怖いものを見たとき，痛い思いをしたときなどに，親や保育者へのくっつきを求めて近づこうとする姿は，その行動の仕組みが働く最も典型的な例である。

(2)「アタッチメント」と「愛着」

　アタッチメントという語の基本的なイメージは，あるものがほかのものにくっつくこと，あるいは，くっついている状態である。心理学では，そのイメージを人と人との関係に当てはめ，安全・安心感を得るために他者にくっつこうとすることを，アタッチメントと呼ぶわけである。

　この専門用語としてのアタッチメントが日本に紹介された際，「愛着」という訳語があてられた。私たちは普段，「生まれ故郷に愛着をもっている」とか，「この学校に愛着を感じている」といった形で，愛着という語をなにげなく使っているが，心理学の専門用語の「アタッチメント」の日本語訳としての「愛着」は，安全・安心感を得るためにくっつこうとすることであり，日常用語で使う愛着とは少し違ったニュアンスとなる。

　本章では，以下，アタッチメントという用語を用いることとする。

(3) アタッチメントに関係する概念

1) アタッチメント欲求とアタッチメント行動

　アタッチメントの行動の仕組みは，①不安や恐れを感じたときに特定の他者にくっついて安全・安心感を得たいという欲求と，②その欲求に基づいてとる，他者にくっつくための行動の2つの要素から成り立っている。①の欲求のことを**アタッチメント欲求**，②の行動のことを**アタッチメント行動**と呼ぶ。

2) アタッチメント対象

　アタッチメント欲求とアタッチメント行動は，誰に対しても向けられるものではなく，「特定の」他者に対して向けられるものである。例えば，1歳の子どもが不安や恐れを感じたときにくっつこうとする対象は，通常の場合，普段

からそばにいて子どもにかかわっている母親などの養育者である。このとき，子どものアタッチメント欲求とアタッチメント行動は，その養育者に対して向けられていることになる。この場合の養育者のように，アタッチメント欲求とアタッチメント行動が向けられる相手のことを**アタッチメント対象**と呼ぶ。

3）アタッチメント関係

　例えば，3歳の子どもとその養育者との間では，通常の場合，子どもが生まれてから3年間にわたってアタッチメントに関するやりとりが積み重ねられた結果，一定のパターンをもった関係が形成されている。子どもにとってのアタッチメント対象である養育者が，子どものアタッチメント欲求とアタッチメント行動をいつもしっかりと受け止め，求められたときには必ずくっついて，安全・安心感をもたらしているという安定的な関係である場合もあれば，そうでない不安定な関係である場合もある。乳児保育において，1人の子どもの保育を特定の保育者が継続的に担当する場合なども同様である。このように，アタッチメントに関する継続的なやりとりの結果として形成される関係のことを**アタッチメント関係**と呼ぶ。このアタッチメント関係は，情緒的なやりとりの積み重ねの結果として形成される関係性という意味で**情緒的絆**と呼ばれることもある（p.54，1）参照）。

2. 子どもの発達におけるアタッチメントの重要性

（1）乳幼児期のアタッチメントがもつ特別の意味—心と身体の発達への影響

　アタッチメントという行動の仕組みは，生まれてから死ぬまで，生涯にわたって存続するが，乳幼児期，特に出生から3歳頃までの間におけるアタッチメントは，人の生涯において，とりわけ重要な意味をもつといわれる。その理由は，アタッチメントが人の心と身体の発達に大きな影響を与えるからである。

（2）心の発達への影響—アタッチメントを通したやりとりで育まれる社会性

　まず，心の発達への影響としては，母親などの第一次的な養育者（以下「母

親」という）とのアタッチメントを通したやりとりの中で，子どもの社会性の発達に向けた土台ができていくという点が重要である。ここでいう社会性とは，集団の中で他者と良好な関係を築き，健康に社会生活を送ることができる力，と言い換えることができるが，その土台となる「自分への自信」「他者を信頼できる力」「1人でいられる力」「他者の心を理解する力」「他者に共感できる力・思いやり」などは，母親とのアタッチメントを通したやりとりの中で育まれる部分が大きいといわれる。この点について，以下，具体的に説明しよう。

1）アタッチメントを通した情緒交流が育む「自信」と「基本的信頼感」

子どもは，不安や恐れを感じたとき，母親に対して「くっつきたい」というサイン（泣く，手を伸ばす，ハイハイで近づくなどのアタッチメント行動）を送る。それを母親が受け止めて子どもとくっつき，慰めたり，あやしたり，励ましたりすると，子どもは安全・安心感を得て，情緒（感情）が安定する。この場合，母親は，子どもの**情緒的ケア**をすることで，子どもとアタッチメントを通した**情緒交流**を行っているということができる。

このようにして母親から情緒的ケアを受ける経験を積み重ねていくと，子どもの中に，母子関係に関する肯定的なイメージが内在化されていく。このイメージは，①「自分は母親から受け容れられる存在である」「自分は存在に値する」という自信のイメージ（＝**自己肯定感／自己効力感**）と，②「母親は自分を受け容れてくれる存在である」「養育者は信頼できる存在である」という母親への信頼感のイメージ（＝**基本的信頼感**）から構成される。

2）「1人でいられる力」の獲得と「自立」

情緒的ケアを受ける経験を積み重ねることで，自信のイメージと養育者への信頼感のイメージの内在化が進んでくると，子どもは，そのイメージを拠りどころとして，1人でいられる時間が少しずつ長くなっていく。不安や恐れを感じることがあっても，「くっつきを求めれば，きっと母親は自分を守ってくれる」というイメージをもっていれば，母親がずっとそばにいなくても，1人で周囲の世界を探索したり，遊びや興味のあることに集中し，没頭することができる。

このように，母親と離れた「外の世界」において，自分1人で主体的かつ活発に探索活動を行い，遊びや興味のあることに集中し，没頭できるようになることを，乳幼児期の子どもにとっての「自立」と呼ぶことができる。子どもは，

2. 子どもの発達におけるアタッチメントの重要性　55

自発的に探索活動を行い，興味・関心のあることに集中し，没頭しているとき
に最もよく発達するといわれており，乳幼児期に子どもが自立できるかどうか
は，心身の発達に大きな影響を与えることになる。その自立に向けての土台と
なっているのが，アタッチメントを通した母親との情緒交流なのである。

3) アタッチメントを通した情緒交流が育む「心の理解能力」と「共感性」

　アタッチメントを通した母親との情緒交流は，他者の心を理解する力，他者
への共感性・思いやり，言葉の学習にも深く関係している。

　不安や恐れを感じた子どもが「くっつき」を求めてきた際，母親が子どもの
不安や恐れに「共感」を示し，子どもの表情をまねたり，子どもの状態を的確
に言い表す言葉をかけながら，慰めたり，あやしたり，励ましたりして応答し
ていると，子どもは，母親のその姿・態度・言葉を通して，自分自身の状態や
感情を的確に理解できるようになり，その状態や感情を言い表す言葉も学んで
いく。母親が，普段から，子どもの感情や状態を映し出す「鏡」としての役割
を果たしている場合，子どもが自分自身の状態や感情を理解する力が最もよく
発達し，それに合った言葉も，知らず知らずのうちに学んでいくのである。

　そして，母親を「鏡」として自分自身の状態や気持ち，それを言い表す言葉
を理解できるようになった子どもは，自分の状態や気持ちを他者に対して言葉
で的確に伝えられるようになり，やがて，他者の様子を見て，「しんどそう」「痛
いのかな」「さびしそう」「悲しいのかな」「怖がっているのかな」といった言
葉を使いながら，その人の状態や気持ちを読み取ることができるようになる。
このようにして，心の理解能力，他者への共感性・思いやり，言葉を使って状
態や気持ちを伝える力など，社会性の重要な要素が育まれていく。

　そうした力を育むためには，子どもと情緒交流を行う際，①まずは，子ども
の状態や気持ちまで下りていって**共感**を示すこと，②子どもの表情をまねるな
どして，その状態や気持ちを「鏡」として映し出すこと（**感情の映し出し**），
③その状態や気持ちに合った言葉（「怖かったね」「痛かったね」「さびしかっ
たね」「でも，もう大丈夫だよ」「痛いの痛いの，飛んでいけ〜」など）をかけ
ながら，抱っこなどでくっついて，慰めたり，あやしたり，励ましたりするこ
と（**感情の立て直し**）が重要となる。

56　第3章　アタッチメント（愛着）と子どもの発達

4）母子関係が対人関係のモデルに

　子どもは，成長後，1）の母子関係のイメージを，母親以外の人との関係にも適用するようになるといわれている。つまり，新たに人と出会ったとき，あるいは新たな集団生活に入っていくとき，乳幼児期にアタッチメントを通した情緒交流により内在化された母子関係のイメージが無意識のうちに働き，その影響を受けるということである[*1]。

　そのため，乳幼児期において，肯定的な母子関係のイメージが内在化された子どもは，将来，対人場面で「自分は他者から受け容れられる存在である」「他者は信頼できる存在である」というイメージが働き，良好な対人関係を形成しやすくなる。一方，否定的な母子関係のイメージが内在化された子どもは，将来，対人場面で「自分は他者から受け容れられない存在である」「他者は信頼できない存在である」というイメージが働くため，良好な対人関係の形成に支障が生じる可能性が相対的に高くなるといわれている[*2]。

（3）脳と身体の発達への影響

　アタッチメントは，子どもの脳・神経や身体の発達にも深く関係している。子どもの脳・神経は，安全・安心感が得られる状態にあるときに最もよく発達することが知られており，不安や恐れは脳・神経の発達を妨げる要因となる。また，不安や恐れを感じているとき，心拍数や呼吸のペースが上がり，内臓も

[*1]　乳幼児期に，アタッチメントを通した他者とのやりとりの積み重ねによって子どもの中に内在化される自己と養育者に対するイメージのことを，「内的作業モデル（internal working model）」と呼ぶ。これは，対人場面で自己と他者の行動を予測・解釈する際に無意識に働く対人情報処理モデルであり，①自分に対するイメージである「自己モデル」（＝自分は養育者から受け容れられる存在か）と，②他者に対するイメージである「養育者モデル」（＝養育者は信頼できる存在か）から構成される。子どもは，このモデルに合うように，養育者の行動を予測したり解釈したりしながら，自分の行動を計画し，選択し，実行していく。子どもは，成長後，自己と養育者の関係についての内的作業モデルを，養育者以外の人との関係にも適用するようになると考えられている。この場合，「養育者モデル」は，「他者モデル」（＝他者は信頼できる存在か）として一般化される。

[*2]　乳幼児期の母子関係のイメージは，基本的には子どもの成長後も存続し，対人関係に影響を与えるといわれているが，新たに信頼できる人と出会い，その人との関係を深める中で，自信や他者への信頼感のイメージが新たに獲得できた場合には，それによって対人関係のモデルが変容することもあり得ると考えられている。

普段とはまったく異なる働きをするなど，身体に大きなストレスがかかった状態となっている。特に，自分の身体を調節する機能が十分に発達していない乳幼児期の子どもが，そのように身体に大きなストレスがかかった状態を長い時間にわたって経験すると，脳・神経や身体の発達に大きなダメージが及ぶことになり，育つべきところが育たなくなってしまう。

　そこで重要となるのが，アタッチメントを通した母親による情緒的ケアである。母親がくっついて情緒的ケアを行い，不安や恐れをしずめることで，単に気持ちの上で安全・安心感が回復するだけでなく，不安や恐れを感じたときに身体にかかるストレスも取り除かれ，普段どおりの身体の状態に戻っていく。アタッチメントを通した母親の情緒的ケアは，子どもの情緒（感情）を安定させるだけでなく，不安や恐れといったネガティブな感情が，脳・神経と身体の発達に及ぼすダメージも取り除くという重要な役割を果たしているのである。

3. 乳児期におけるアタッチメントの 形成と発達のプロセス―４つの段階

　アタッチメントの形成と発達のプロセスは，次の４つの段階をたどる。

(1) 第１段階（出生〜３か月頃）―アタッチメント形成の前段階

　この時期の子どもは，まだ人を識別する力をもっておらず，誰に対しても同じように興味・関心を示し，定位行動（追視する，声を聞く，手を伸ばすなど）や発信行動（泣く，微笑む，喃語を発するなど）をとる。また，人の声を聞いたり，人の顔を見たりすると，泣きやむことがよくある。この段階では，特定の他者をアタッチメントの対象として絞り込んでおらず，誰かれ構わず他者とつながろうとする行動の傾向があらわれているからである。この行動傾向のことを**ジョイントネス**（jointness）と呼ぶ。特定・特別の人を絞り込んでくっつこうとするアタッチメントの前段階として，誰とでもくっつき，つながろうとするジョイントネスの状態が先行するのである。

58   第3章　アタッチメント（愛着）と子どもの発達

(2) 第2段階（3〜6か月頃）―アタッチメント形成の始まり

　この時期の子どもは，第1段階と同様，誰に対しても友好的に振る舞うが，その一方で，日常的に自分の身体的・情緒的ケアをしている養育者の声や顔に特別の関心を示すようになり，その声を聞いたり，顔を見たりすると，よく微笑んだり声を出したりするなど，人に応じて異なった反応や行動を示すようになる。定位行動や発信行動も，特に養育者に対して多く向けるようになる。

　生後3か月頃の段階では，まだ特定のアタッチメント対象が明確になっているわけではないが，6か月頃までの間にかけてアタッチメント対象が徐々に絞り込まれていく。アタッチメントの形成が徐々に始まりつつある状態である。

(3) 第3段階（6か月頃〜2，3歳頃）―アタッチメントの形成と発達
1）アタッチメントの形成

　この段階になると，人の識別がさらに明確になり，相手が誰であるかによって明らかに反応や行動が異なってくる。また，生後6か月頃になると，不安や恐れという感情が備わるようになり，その感情が生じると，アタッチメント対象者として絞り込んだ特定の養育者に対して，アタッチメント行動（泣くなど）を向けるようになる。この段階で，アタッチメントが形成されたといえる。

2）「分離不安」と「人見知り」

　特定の養育者にアタッチメントが形成されたことの裏返しとしてみられるようになるのが，**分離不安**と**人見知り**である。

　分離不安とは，アタッチメント対象者である特定の養育者と分離する場面で子どもがみせる不安反応のことであり，泣く，後追いするといった行動としてあらわれる。分離不安がみられるようになることが，特定の養育者へのアタッチメントが形成されたことを示す1つのバロメーターとなる。

　人見知りは，自分が知らない人に対して示す警戒感のことであり，生後7〜8か月頃にみられるようになる。具体的には，かかわりを避けようとする態度や養育者の陰に隠れようとする行動などとしてあらわれる。

　1歳頃になった子どもが，養育者との分離場面で分離不安を示さなかったり，知らない人に対しても人見知りをせずに誰かれ構わず近づいていくといった行動をとる場合（無差別的社交性），特定の養育者への安定的なアタッチメント

の形成が進んでいない可能性がある。

3)「探索活動」と「安全基地」

この時期のアタッチメントの特徴と養育者の役割を理解する上で重要なキーワードとして，**探索活動**と**安全基地**というものがある。

子どもは，ハイハイができるようになる生後6～7か月頃になると，養育者から少し離れた場所に移動して，自分1人で周囲の環境や未知の物事を探索するようになる。これが，「探索活動」と呼ばれるものであり，子どもの心と身体の発達にとって重要な意味をもつ行動である。

子どもは，探索活動の過程で不安や恐れを感じたとき，アタッチメント対象である養育者へのくっつきを求め，養育者に近づこうとする。それを養育者が受け止め，抱きかかえるなどしてくっつき，情緒的ケア（慰める，あやす，励ますなど）をすることで，子どもの安全・安心感が回復すると，子どもは再び探索活動に戻っていく。この場合，子どもは養育者を「安全基地（secure base）」として利用しているということができる。自分の世界を広げていくために，養育者という基地から飛び立って周囲の探索活動をする中で，不安や恐れを感じると，基地に戻って養育者から安全・安心感を補給してもらい，再び探索活動を開始する（図3-1）。このサイクルを繰り返しながら，少しずつ探索活動の範囲を広げていくことが，子どもの心と身体の発達にとってきわめて

図3-1　養育者は安全基地

60 第3章 アタッチメント（愛着）と子どもの発達

重要であり，養育者の役割としては，この安全基地の役割をしっかりと果たすことが大切となる。

4) アタッチメントの発達—「身体のくっつき」から「心のくっつき」へ

養育者を安全基地として利用し，養育者による情緒的ケア，養育者との情緒交流の経験を積み重ねていくと，子どもの中に，「養育者はいざというときに自分を守ってくれる，信頼できる存在である」「自分は養育者に受け容れられる存在である」という，アタッチメントをめぐる自己と養育者との関係についての肯定的なイメージ（自己肯定感および養育者への基本的信頼感）が内在化されていく（p.54, 1), 2) 参照）。このイメージの内在化が進んでいくにつれて，子どもは，そのイメージを安全・安心感の拠りどころ（＝「心の安全基地」）として，1人でいられる時間が長くなり，養育者から少し離れた「外の世界」において，より主体的かつ活発に振る舞うことができるようになっていく。

このように，イメージとしての「心の安全基地」の内在化が進んでいくにつれて，アタッチメントの内容が「身体のくっつき」から「心のくっつき」に移行していくことを，**アタッチメントの発達**と呼ぶ。

(4) 第4段階（3歳頃以降）—「心の安全基地」の獲得と「自立」

養育者を安全基地として利用する経験を積み重ねてきた子どもの場合，3歳頃になると，イメージとしての**心の安全基地**の内在化が進み，それが安全・安心感の拠りどころとして機能するため，不安や恐れを感じたときでも，養育者に実際に近づいて情緒的ケアを受ける必要性が，かなりの程度低下する。それに伴い，養育者に実際に近づくためのアタッチメント行動（泣く，後追いするなど）の頻度と強度も大幅に減少する。この段階で，子どもは，心の安全基地を獲得し，乳幼児期におけるアタッチメントの発達，つまり「身体のくっつき」から「心のくっつき」への移行がひとまず完了したといえる。

また，1人でいられる時間がますます増え，活動範囲もどんどん広がり，短時間であれば養育者がいない状況でも自主的かつ活発に行動できるようになる。この段階で，アタッチメントを土台とした乳幼児期の**自立**が達成されたということができる。

コラム 「抱っこ」

(1)「抱っこ」を通した情緒交流の大切さ

アタッチメントと関係が深いものの1つに,「抱っこ」がある。抱っこは,養育者が一方的に子どもを抱いているようにみえるが,実は,子どもの側も,養育者に身をゆだねたり,積極的に抱きついたりすることで,情緒の安定(安全・安心感)を得ている。その意味で,抱っこには,子どもと養育者の「抱きとめ合い」という一面もあるといえる。

抱っこで最も大切なのは,身体的な接触(スキンシップ)そのものよりも,それを通した養育者との情緒交流(情緒のやりとり)である。本文で説明したとおり,子どもの心と身体の健やかな発達にとって,養育者との情緒交流の経験の積み重ねが不可欠となる。抱っこをするときには,情緒的ケアをしっかりと行うことを大切にしたい。

(2)「抱っこ」の発達は「自立」への道

このような形で,養育者との抱っこを通した情緒交流を積み重ねていくと,子どもの中に養育者への信頼感がイメージとして育っていく。この養育者への信頼感のイメージがしっかりと定着すれば,子どもは,養育者から少し離れて1人でいるときでも,そのイメージを安全・安心感の拠りどころとして,主体的に,かつ活発に,自分の興味・関心のあることに取り組めるようになる。これが,乳幼児期における子どもの「自立」であり,この段階になると,抱っこも卒業である。この意味での自立を果たし,抱っこを卒業することが,その先の心と身体の健やかな発達にとって大切となる。

(3)「抱っこ」の発達のプロセス

抱っこの内容と意味は,子どもの発達段階に応じて発達(=変化)していく。ここでは,母親などの第一次的な養育者(以下「母親」という)との関係を想定し,抱っこの発達のプロセスを「抱きとめ合い」の関係の発達という観点からまとめておく(図3-2)。

第1段階:「抱きとめ合い」の準備の時期(誕生から生後3か月頃)

この時期,子どもはまだ母親を他者と区別できないが,母親が子どもをしっかりと抱きしめながら優しくかかわることで,母子の抱きとめ合いに向けた準備をしていく段階である。抱っこをしてもらっているとき,子どもは母親に無条件で自分自身をゆだねており,「他者との一体感」と「心地よい世界」を満喫している。

この時期の母親は,子どもにとって,「全面的に受容するお母さん」である。

第2段階:「抱きとめ合い」が成立し始める時期(生後3か月頃から6か月頃)

生後3か月を超える頃から,子どもは,徐々に,母親とほかの人を区別できるようになり,子どもにとって母親が特別の存在になっていく。抱っこの形態も,子どもの運動機能の発達に伴い,子どもから積極的に抱きついていくようになり,母親との抱きとめ合いが成立するようになる。この時期に抱きとめ合いを十分に経験することで,子どもの中に母親への信頼感のイメージが形成されていく。一方,母親の側も,子どもとの抱きとめ合いによって,子育てへのモチベーション(動機づけ)を高めていく。

この時期の母親も,子どもを「全面的に受容するお母さん」である。

第3段階:「抱きとめ合い」の充実と卒業準備の時期(生後6か月頃から2~3歳頃)

この時期は,抱きとめ合いを充実させながら,同時に「抱きとめ合いの卒業」に向けて歩んでいく段階である。子どもは,母親との二者関係の外に広がる世界で探索活

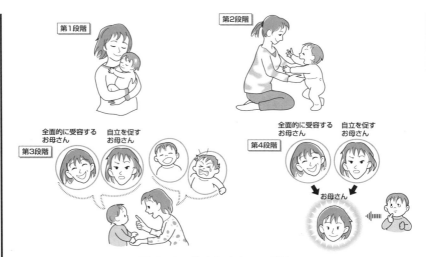

図 3-2 抱きとめ合いの発達

動を行うようになり，その活動範囲が少しずつ広がっていく。抱っこの形態も，探索活動の中で安全・安心感を得たいときに抱っこを求め，安全・安心感が得られると探索活動に戻るというメリハリが少しずつ出てくるようになる。抱っこの卒業に向けた準備の始まりである。

　抱っこの卒業の準備は，同時に，子どもの自立への準備でもある。この時期の母親にとっては，子どもの自立に向けた働きかけをすることも大切な役割となるため，「全面的に受容するお母さん」だけでなく，子どもの欲求を全面的には満たさない「自立を促すお母さん」が出現する。子どもは，2つの顔をもつ母親に対して葛藤を抱き，母親に対するアンビバレントな（同一の人に対して，正反対の感情，例えば「好き」と「嫌い」の感情を同時にもつこと）感情を初めて経験する。このような形で母子関係が質的に変化することによって，その絆がより深く，より強いものとなっていく。

第4段階：「抱きとめ合いの卒業」の時期（3歳頃以降）

　母親との抱きとめ合いによって安全・安心感を得る経験を積み重ねた子どもは，この時期になると，「安全基地」としての母親のイメージを心の中に獲得する。それに伴い，以前ほど母親との身体的な接触を必要としなくなり，母親との「身体の距離」をとって母親から少し離れたところでも，自分で自分の行動を調整しながら，主体的かつ活発にいろいろな活動ができるようになっていく。アタッチメント行動も，「言葉」を使ったものに移行していく。この段階で，抱きとめ合いを卒業し，自立を果たしたことになる。

　この時期になると，子どもにとっての母親のイメージは，「全面的に受容するお母さん」と「自立を促すお母さん」の2つのイメージが統合され，両方の要素を併せ持った「安全基地のお母さん」となっている。

（初塚）

4. アタッチメントの個人差

（1）アタッチメントの個人差とは

　子どものアタッチメントには，個人差があることが知られている。例えば，子どもが不安や恐れを感じたとき，養育者にくっつくために，あるいは養育者からくっついてもらうために，どのようなアタッチメント行動をとるのかについては，個人差がある。大きな声で泣いて養育者にアピールしてくっついてもらおうとする子もいれば，あまり泣いたりせずに静かに養育者に近づいていこうとする子もいる。また，子どもがアタッチメント行動をとった後，養育者とくっついた際に，子どもがどういう態度をとるかという点にも，個人差がある。養育者とくっついたらすぐに安心・安全感を回復してニコニコする子もいれば，養育者とくっついた後も強く泣いたり，ぐずったりしてなかなか安全・安心感が戻った様子にならない子もいる。

（2）個人差はなぜ生じるのか―養育者のかかわり方

　そうしたアタッチメントの個人差は，何によって生じるのだろうか。

　子どもは，その時々の気分や機嫌で「今日は強く泣いてアピールしよう」とか，「今日はあまり泣かずに静かに近づこう」というような判断を，その場その場でしているわけではない。大きな声で泣いて養育者にアピールするという形のアタッチメント行動をとる子どもは，いつも，そういうパターンの行動で養育者へのくっつきを確保しようとする。あまり泣いたりせずに静かに養育者に近づいていこうとする子は，いつも，そのような形で養育者に近づいていく。子どものアタッチメント行動には，規則性がみられるのである。

　このような規則性のある個人差が生じる理由は，養育者の子どもに対するかかわり方にある。養育者が，普段，どのように子どもにかかわっているか，特に，子どものアタッチメント行動にどのように反応し，応答しているかによって，子どものアタッチメント行動のとり方に差が出てきているのである。

（3）3つのタイプ

　それでは，養育者が子どもに対してどのようなかかわり方をすれば，子ども
のアタッチメントがどのような特徴を帯びてくるのかを，具体的にみてみよう。
ここでは，子どもが養育者との分離場面と再会場面で示す反応をもとにアタッ
チメントの特徴を測る「ストレンジ・シチュエーション法」の分類に基づき，
3つの代表的なアタッチメントのタイプを紹介する*。

1）回避型（Aタイプ）

　a．アタッチメントの特徴─養育者を避けるような態度：子どものアタッチ
メントが，養育者への「くっつき」を確保するために，あえて養育者を回避す
る（養育者とのかかわりを避ける）ように振る舞うという特徴を帯びるタイプ
である。

　このタイプの子どもは，養育者との分離場面では，不安な気持ちになってい
るにもかかわらず，泣いたり，混乱したりする様子をみせず，養育者へのアタッ
チメント行動をあまり示さない。また，養育者との再会場面でも，養育者から
目をそらしたり，養育者を避けるような行動がみられる。

　b．養育者のかかわり方の特徴─無関心・拒否的：養育者のかかわり方の特
徴としては，普段から，子どもの状態に無関心な態度で振る舞い，子どものア
タッチメントの欲求や行動に無関心で反応を示さない傾向がある。場合によっ
ては，子どものアタッチメント行動に対して嫌がったり，遠ざけたりするよう
な態度をとることもある。そのため，このタイプに分類される子どもは，養育
者との「くっつき」を確保するためには，あえて大きな声で泣いてくっつきを
求めるようなことをしないほうがよいことを学習している。大きく泣いて不安
を伝えると，養育者はかえって遠ざかってしまうため，あえて「泣かず，近づ

＊　本文で紹介する回避型（Aタイプ），安定型（Bタイプ），アンビバレント型（Cタイプ）
　に加え，近年，第4のアタッチメントのタイプとして，「無秩序・無方向型（Dタイプ）」
　があることが知られるようになり，子ども虐待が子どものアタッチメントに与える影響な
　どとの関係で注目されている。このタイプのアタッチメントの特徴は，本来は「安全基地」
　であるべき養育者が，子どもを虐待するなど，子どもにとって脅威を与える存在にもなっ
　ていることから，子どものアタッチメント行動が，養育者に近づきたいのか，養育者から
　離れたいのかがよくわからず，固まる，すくむ，うつろになるといった，まとまりのない，
　どっちつかずの（無秩序・無方向な）ものとなることである。

かず」で養育者を避けているような態度をとり，養育者がより遠くへ行ってしまうのを防いでいるのである。養育者が「安全基地」の役割を果たせていないパターンである。

2）安定型（Bタイプ）

a. アタッチメントの特徴—感情を率直に伝え，「安全基地」が有効に機能： 子どものアタッチメントが，不安や恐れを養育者に率直に伝えて「くっつき」を求め，養育者を「安全基地」として有効に利用できているという特徴を帯びるタイプである。

このタイプの子どもは，養育者との分離時には，養育者に対して不安な気持ちを率直に伝え，泣いたり混乱したりするが，分離後は，感情の乱れが比較的少なく，再会場面では，養育者にすぐにくっついて，容易に安全・安心感が回復し，機嫌がよくなる。

b. 養育者のかかわり方の特徴—敏感性・応答性が高い： 養育者のかかわり方の特徴は，普段から，子どもの状態や感情に敏感であり，子どもが不安や恐れを感じて「くっつき」を求めてきたときには，タイミングよく，しっかりと応答して情緒的ケアを行い，安全・安心感を回復させていることである。このタイプの養育者は，「安全基地」としての機能を適切かつ安定的に果たしているといえる。「くっつきを求めれば養育者は応じてくれる」「養育者は自分を受け容れて守ってくれる」「一時的に離れていても養育者は戻ってきてくれる」というイメージが内在化されているからこそ，分離時に不安や恐れを養育者に率直に伝え，分離後も感情の乱れが比較的少なく，再会時にもスムーズに養育者を受け容れて，機嫌が容易に回復するのである。

3）アンビバレント型（Cタイプ）

a. アタッチメントの特徴—くっつきを強く求め，くっついていても不安： 子どものアタッチメントが，いつも養育者とのくっつきを強く求めるが，養育者とくっついているときも不安がとれず，安全・安心感を得にくいという特徴を帯びるタイプである。

このタイプの子どもは，養育者との分離場面では強い不安や混乱を示し，泣く，後追いするといったアタッチメント行動を最大化する。再会場面では，養育者への身体接触を強く求めてくっついていくが，同時に，怒りながら養育者

を激しくたたくなど，養育者に抵抗する態度も示す。

　アンビバレント型と呼ばれる理由は，養育者との再会場面において，情緒の安定にとってプラスになる行動（養育者へのくっつき）と，情緒の乱れによる行動（養育者への怒りや抵抗）が併存するという，両価的な（アンビバレントな＝プラス面とマイナス面が併存する）態度を子どもが示すからである。

　b．養育者のかかわり方の特徴——一貫性を欠く気まぐれなかかわり方：養育者のかかわり方の特徴は，子どもの状態への敏感さ，くっつきを求めてきた子どもへの応答のしかたに一貫性がなく，養育者の時々の気分や都合に合わせて態度が変わるという，気まぐれなかかわり方をしているという点にある。子どもの状態を気にかけてアタッチメントの欲求や行動に応答するときもあるが，そうでないときもあるという一貫性を欠いたかかわり方をしていると，子どもにとっては予測が立てにくく，「養育者はいつくっついてくれなくなるかわからない」「養育者はいつ自分の前からいなくなるかわからない」というイメージが子どもの中で内在化されていく。そうすると，たとえ身体的な接触が確保されている状態であっても不安がとれず，子どもは安全・安心感が得られない状態におかれることになる。また，その結果として，子どもは，養育者が自分の前からいなくならないように，いつも養育者との「くっつき」を強く求め，養育者から離れられなくなってしまう。これでは，子どもが養育者を「安全基地」として利用しながら，自発的な探索活動を活発に行うことは難しくなる。

5．養育者に求められること
——「安全基地」の役割を果たすために

(1) 敏感性・応答性・一貫性

　前節でみた3つのタイプのうち，「安定型」に分類される子どもの養育者は，子どもの心と身体の状態に敏感であり（**敏感性**），子どもがアタッチメントの欲求や行動を養育者に向けてきたときには，十分にくっついて情緒的ケア・情緒交流を行うという形で，タイミングよく，しっかりと応答している（**応答性**）。このようなかかわり方を，普段から，安定的に一貫性をもって行うこと（**一貫性**）が重要となる。養育者に敏感性・応答性が欠けていると，子どものアタッ

チメントが「回避型」となり，一貫性が欠けていると「アンビバレント型」となってしまう。養育者が「安全基地」の役割をしっかりと果たすために重要となるポイントは，「敏感性・応答性・一貫性」である。

(2) 見守る姿勢でメリハリのあるくっつき方を

　子どもは，自発的な探索活動において多くの失敗や痛み，不安で怖い思いなどを経験しながらも，1つ1つ乗り越え，自分でできることが少しずつ増えていくことで，よりよく発達していく。そのため，養育者が子どもの気持ちや状態を先読みして，その行動を統制したり方向づけたりしすぎると，健やかな発達に欠かせない自発的な探索活動の機会を奪ってしまうことになりかねない。

　「安全基地」とは，自発的な探索活動の中で子どもの安全・安心感が一時的に失われたときに，それを補給するために一時的に立ち寄る場所であり，そこで安全・安心感を補給できれば，子どもは再びそこを飛び立って，自発的な探索活動に戻っていくというのが，本来のあるべき姿だといえる。子どもが自分の世界で興味のあることに没頭しているときには，後ろでどっしりと構え，温かい雰囲気で子どもの自発的な活動を見守る。不安や怖い思いをして「安全基地」に戻ってきたときには，しっかりとくっついて，情緒的ケアを行う。このようなメリハリのあるくっつき方が，子どもの発達を促していくのである。

6. アタッチメントと保育

(1) アタッチメントの広がり―母子関係からネットワークへ
1) 子どものアタッチメント対象は母親だけではない

　子どものアタッチメントに関するこれまでの説明は，第一次的な養育者（母親など）との関係を前提としたものであるが，子どもがアタッチメントを形成するのは，母親に対してだけではない。

　子どもは，普段から自分の周囲にいて，継続的に「身体的ケア（生命の保持に必要となる飲食，排泄の世話など）」と「情緒的ケア（情緒の安定に必要となる情緒的なやりとり，情緒交流）」を行っている人（数人）をアタッチメント対象者として絞り込み，その人にアタッチメントを形成すると考えられてい

る。乳幼児期の段階で，母親以外にその条件を満たす可能性があるのは，父親，祖父母などの家族，保育所で子どもの保育を担当する保育者，施設で子どもの養護を担当する職員などである。

2）複数のアタッチメント対象をもつ意味─「安全基地」のネットワーク

　近年，子どもが母親以外の人にもアタッチメントを形成し，複数のアタッチメント対象をもつことが，子どもの発達によい効果をもたらすという認識が広がりつつある。複数のアタッチメント対象がいるということは，子どもが複数の「安全基地」をもっていることを意味し，その分だけ，心と身体の発達に欠かせない安全・安心感の拠りどころが増えることになる。また，アタッチメント対象が複数いるということは，その分だけ，子どもの世界が広がることを意味し，乳幼児期に複数の大人との関係を経験することが，子どもの発達にプラスに働くということにもなる。子どもの発達にとって最もよい環境は，複数の「安全基地」が存在し，その安全基地が相互に連携・協力して子どもの発達を見守るような，安全基地のネットワークの中で生活できることだといえる。

（2）保育者の役割の重要性─アタッチメントを大切にした良質な保育を

　アタッチメント対象者として保育者に寄せられる期待は，最近，ますます大きくなっている。働く女性の増加によって保育へのニーズが年々高まる中，これまで主に育児を担ってきた母親に代わる育児の担い手として，まず想定されるのが保育者だという事情も当然あるが，それだけではない。保育者には，子どもの発達に関する専門家として，心と身体の発達に欠かせないアタッチメントを大切にした「質の高い保育」を実践し，子どものよりよい発達を支援・保障するという，家族が担い切れない独自の役割が期待されているのである。

　以前，母親が保育所に子どもを預けて仕事に出ることは，「母子分離」を意味し，子どもの発達にマイナスの影響を与えるという考え方もあった。しかし，保育が子どもの発達に与える影響について，これまで発達心理学の領域で行われてきた多くの研究によると，保育所で育つことそれ自体が，子どもの発達に悪い影響を及ぼすわけではないことが明らかとなっている。しかも，それだけでなく，①乳幼児期に質の高い保育を受けることができた子どもは社会性がよりよく発達し，成長後，良好な対人関係を形成して集団生活への適応もよりス

ムーズに行えるようになること，さらには，②家庭で十分な情緒的ケアを受けることができない養育環境にある子どもが家庭外で保育を受けることによって，社会性などの**非認知的能力***がよりよく発達し，それが子どもの成長後の人生全般によい影響をもたらし得ることも報告されている。その実践の担い手として，保育者に大きな期待が寄せられているのである。

（3）保育の現場で大切にしたいこと

そこで，最後に，アタッチメントの視点から，質の高い保育を実践するために大切となるポイントをまとめておくことにしよう。

1）アタッチメントを通した情緒交流の重要性

保育所保育指針では，保育の基本的理念である「養護」の内容として，「生命の保持」とともに「情緒の安定」が掲げられ，保育の展開にあたっては，子どもの「情緒の安定」を図るべきとの方針が随所に示されている。この「情緒の安定」にとって最も大切となるのが，子どもの情緒的ケア，アタッチメントを通した情緒交流である。子どもの心と身体の発達にとって，養育者による情緒的ケア，養育者との情緒交流が欠かせないことについては，これまで述べてきたとおりであり，この点は保育においても最も重視されるべきことである。

2）安全基地の役割―敏感性・応答性・一貫性

子どもの情緒の安定のための情緒的ケア，情緒交流を行うにあたっては，「安全基地」としての役割を意識しておくことが重要であり，その役割をしっかりと果たすためのキーワードは，「敏感性・応答性・一貫性」である。この点については，4節および5節で説明したことが，保育の現場でのかかわりにも当てはまる。

3）特定の保育者との継続的なかかわり

保育者が子どもにとってのアタッチメント対象者になり得るのは，乳児期の段階で，普段から継続的に身体的ケアと情緒的ケアを担当し，「安全基地」の

---

*　学力や知能指数（IQ）の高さを「認知的能力」と呼ぶことがある。それとの対比で，認知的能力には直接的には還元できないが，人が生きていく上で重要となる自信，意欲，心の理解能力，他者への共感性，対人関係などに関する能力のことを「非認知的能力」と呼ぶことがある。

役割を果たしている場合である。そのため，保育の現場で安定的なアタッチメント関係を育むためには，担当制の導入などにより，特定の保育者が継続的に子どもの保育を担当できる体制をとることが望ましい。

この点について，保育所保育指針解説（厚生労働省，2018）では，「乳児期の子どもが成長する上で，最も重要なことは，保育士をはじめとした特定の大人との継続的かつ応答的な関わりである」と記され，特定の保育士等による愛情豊かで受容的・応答的なかかわりの重要性が指摘されている。また，3歳未満児の保育では，「緩やかな担当制の中で，特定の保育士等が子どもとゆったりとした関わりをもち，情緒的な絆を深められるよう指導計画を作成する」ことが求められている。

ただし，1人の保育者が複数の子どもの保育を担当し，集団の中で子ども同士の相互作用が展開される保育の現場では，保育者が個々の子どもの1つ1つの行動を細かく観察するのは難しい。そこで，緩やかな担当制のもとで，まずは子どもの集団全体に目を向け，集団になじめていない子がいないか，嫌な思いをしている子がいないかなどに目を配り，情緒的ケアが必要となる場面が出てきた場合には，「安全基地」の役割をしっかりと果たすことが重要となってくる。アタッチメント対象である特定の保育者による温かい見守りと，情緒的ケアが必要となる場面での安全基地としての役割を果たすことによって，子どもの心と身体の健やかな発達を促進させていきたいものである。

4）保育者のメンタルヘルスの重要性

養育者や保育者の「敏感性・応答性・一貫性」の度合いは，養育者や保育者の心と身体の健康状態の影響を受けるといわれている。保育者の心身の健康が保たれていない状況では，「敏感性・応答性・一貫性」が低くなり，「安全基地」としての役割を十分に果たすことが難しくなるということである。安全基地としての役割をしっかりと果たし，子どもの健やかな発達に貢献するためには，保育者が自分自身のメンタルヘルスを良好な状態に保つ必要があり，そのための自己管理をしっかりと行うことも大切となる。

第4章
0, 1, 2歳児保育と計画

1. 保育における計画の必要性と意義

(1) 保育における計画の必要性

　乳児（0, 1, 2歳児）における保育は，一見すると，毎日の生活を支える活動が主なようにみえるので，保育の計画は必要がないように思われるかもしれない。また，乳児は発達や生理的な個人差が非常に大きいため，全体の保育の計画を立てると，かえって一人ひとりの興味や関心が埋没し，それぞれのニーズが見失われることになるのではないかと，疑問をもつ人もいるだろう。

　しかし保育は，生活や遊びを通して心身の発達を援助する活動である。発達の援助とは，子どものしたいようにただ活動させておけばよいというものではなく，子どもの発達や興味・関心などに沿って，子どもが保育の環境にかかわりながら，多様な経験を重ねていけるよう援助することである。例えば，保育室の環境は，乳児一人ひとりの居場所であると同時に，クラス全員が活動する場として構成されなければならない。乳児の発達は目覚ましく，季節や時期によって，必要となる玩具や遊具，空間的環境も変化していく。子どもが安心して過ごし，さらに，主体的な活動意欲や創造性を高めていけるよう，子どもの発達に見通しをもち，計画性のある保育を展開することが必要となる。

　こうしたことから，保育所保育指針では，各保育所において保育の方針や目標に基づき，保育の計画を作成することが求められている。保育の計画には，「全体的な計画」「指導計画」「保健計画」「食育計画」など多様なものがあるが，日々保育の実践を振り返り，評価した結果を次の計画作成に生かすなど，循環的な過程を視野に入れる必要がある。

72　第4章　0，1，2歳児保育と計画

(2) 乳児保育における計画の意義

　0，1，2歳を含む乳児保育における計画の意義は，次のように考えられている。
① 見通しのある，生き生きとした保育のために

　乳児の保育では，保育者が見通しをもっていないと，食事，睡眠，排泄など
の介助に追われているように感じたり，同じことの繰り返しばかりで発展性が
ないように感じたりすることもある。しかし，計画をもつと，養護と教育双方
に対して意識的に着目できるようになり，子どもの実態に即した生き生きとし
た保育が展開できるようになる。
② 発達過程の理解を深めるために

　計画を立案することによって，保育者自身が0，1，2歳児の発達過程を深く
理解しようとする。一般的な発達の理解が深まると，実際の子どもの姿から適
切に一人ひとりの発達状況を読み取ることができるようになり，より発達に即
した保育内容の構想につながる。
③ 多様な経験の積み重ねのために

　計画がないと，断続的な活動や，子どもの興味や保育者の好みに任せた活動
に偏ることが危惧される。計画を立案することで，各領域に視点をもつことが
でき，総合的に関連をもたせた活動が期待され，子どもにとって多様な経験の
積み重ねが可能となる。
④ 0，1，2歳児保育の重要さを認識し，系統的な保育実践のために

　園全体の保育方針を明確にすることによって，0，1，2歳児保育の特徴や意
義が認識され，低年齢児保育の重要性や目標を再確認することにつながる。年
齢ごとに長期の見通しをもつことで，保育内容の系統的な積み重ねができる。

2．保育の計画の種類と作成

　保育所における保育の計画には，大きく2種類ある。1つは，入園から卒園
に至るまでの保育の「全体的な計画」であり，もう1つは，その全体的な計画
を具体的に展開するための実践計画（＝指導計画）である。それらの関係を図
4-1に示す。

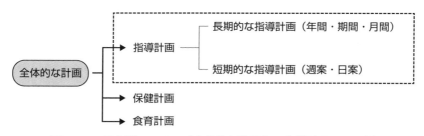

図4-1 保育所における「全体的な計画」と指導計画との関係

(1) 保育所における「全体的な計画」とは

　全体的な計画は，保育所保育の全体像を包括的に示すものであり，入所から就学に至る在籍期間の全体にわたって，保育の目標を達成するために，どのような道筋をたどり，保育を進めていくのかを示したものである（表4-1）。計画作成には，児童の権利に関する条約（子どもの権利条約），児童福祉法および関連法令，保育所保育指針等と，各保育所の保育の方針，子どもや家庭，地域の実態等をふまえる必要がある。その上で，養護に関する内容と保育における視点や領域のねらいと内容，「幼児期の終わりまでに育ってほしい姿」との関連を考慮し，子どもの発達過程に即して具体化していく。

　全体的な計画は，施設長の責任のもと作成されるものであるが，実際の保育は，保育士とさまざまな職種の職員がチームワークで行うものである。一人ひとりの子どもの心身に応じた適切な援助を行うために，また，保育所全体で一貫性のある保育を展開するために，全職員がそれぞれの職種や立場に応じて計画の立案に参画していくことが求められている。

(2) 「指導計画」とは

　「全体的な計画」に基づき，その時々の実際の子どもの発達や状況に応じて，具体的に実践計画を立案したものが「指導計画」である。指導計画には，子どもの生活や発達を見通した長期的な指導計画と，それをもとにさらに具体化した短期的な指導計画がある。長期的な指導計画には，1年を通した年間指導計画，数か月単位の期間指導計画，1か月単位の月間指導計画（月案）があり，

74　第4章　0，1，2歳児保育と計画

表4-1　全体的な計画〈0，1，2歳児〉の例

保育理念	子ども一人ひとりを大切にし，保護者からも
保育方針	豊かな人間性をもった子どもを育成する，
保育目標	望ましい未来をつくりだす力の基礎を培う「花と緑を大切に，動物

年齢別保育目標	個々の生活リズムを整え，基本的な生活習慣を養う	安心できる保育者との関係の下で自分でしようとする気持ちが芽生える

乳児（3つの視点）			保育		6か月未満児	6か月～1歳3か月未満児
花と緑を大切に，動物とも仲よし／みんないっしょにのびのびと／自分のことは，自分で／食べることが，大好き	健やかにのびのびと育つ	**身体的発達／健やかにのびのびと育つ** ［健康な心とからだを育て，自ら健康で安全な生活をつくり出す力の基礎を培う］ ねらい (1) 身体感覚が育ち，快適な環境に心地よさを感じる (2) のびのびとからだを動かし，はう，歩くなどの運動をしようとする (3) 食事，睡眠等の生活のリズムの感覚が芽生える 【健康】	養護	生命の保持	**ねらい** ・一人ひとりの子どもの生活リズムを重視して，食欲，睡眠，排泄早期発見し，快適に生活できるようにする ・一人ひとりの子どもが安定感をもって過ごし，自分の気持ちを安 ・人への基本的信頼感が芽生える ・一人ひとりの生活リズムが整うよう配慮する	
				情緒の安定	・発達過程などを的確に把握し，特定の保育士との信頼関係を築き，愛着関係を育む ・子どもが示すさまざまな行動や欲求に適切に応える	
	身近な人と気持ちが通じ合う	**社会的発達／身近な人と気持ちが通じ合う** ［受容的・応答的なかかわりのもとで，何かを伝えようとする意欲や身近な大人との信頼関係を育て，人とかかわる力の基礎を培う］ ねらい (1) 安心できる関係のもとで，身近な人と共に過ごす喜びを感じる (2) からだの動きや表情，発声等により，保育士等と気持ちを通わせようとする (3) 身近な人と親しみ，かかわりを深め，愛情や信頼感が芽生える 【人間関係・言葉】	教育	ねらい	・子どもの状態に優しく応え，喃語を育むとともに感覚の働きを豊かにする ・安全で活動しやすい環境のもとで，運動的な活動を促す	・発語の意欲を育てる ・聞く，見る，触るを通して，感覚や手指の機能を働かそうとする ・身の回りのものへの興味や好奇心が芽生える
				健康	・保育士の声や物音に反応したり，身体を動かしたりして，快・不快感を表そうとする ・清潔になる事の心地よさを感じる ・身体機能や感覚が発達し，のびのびと手足を動かす ・生理的欲求を受け止めてもらい，安心して過ごす	
				人間関係	・愛情豊かな特定の保育士との応答的なかかわりの中で欲求が満たされ，安心感をもち，信頼関係が生まれる ・身近な人とかかわる心地よさを感じる	
				環境	・安心できる人的および物的環境のもとで，さまざまなものに触れ，音，形，色，手触りなどに気付き，感覚の動きを豊かにする ・周囲の環境に自発的に興味を示し，手を伸ばして触ったり口の中で感触を確かめ，試す	
	身近なものと気持ちが通じ合う	**精神的発達／身近なものとかかわり感性が育つ** ［身近な環境に興味や好奇心をもってかかわり，感じたことや考えたことを表現する力の基礎を培う］ ねらい (1) 身の回りのものに親しみ，さまざまなものに興味や関心をもつ (2) 見る，触れる，探索するなど，身近な環境に自分からかかわろうとする (3) 身体の諸感覚による認識が豊かになり，表情や手足，からだの動き等で表現する 【環境・表現】		言葉	・保育士に語りかけられることにより，声を出したり応えようとする	・喃語や片言，調音の模倣を繰り返し，発語や保育士とのやりとりをする ・簡単な言葉がわかり，動作と一致する
				表現	・保育士との安定したかかわりの中で見たり，聞いたり，触ったりできる玩具で遊びを楽しむ	・保育士のすることを模倣したり，歌やリズムに合わせて手足や体を動かして楽しむ
			食育	力を営む食の基礎	・食べることに意欲をもつ ・さまざまな食べ物を見る，触る，味わうなど五感を通して食べ物に触れる経験をする	

2. 保育の計画の種類と作成　75

信頼され，地域に愛される保育園を目指す	
心と身体の自立を促し，生きる力をつける	
とも仲よし」「みんないっしょに，のびのびと」「自分のことは，自分で」「食べることが，大好き」	
衛生的で安全な環境で，心身ともに快適な生活を送る	保育者や友達と遊ぶ中で自分がしたいこと，言いたいことを言葉や行動で表現する

内　容	
1歳3か月〜2歳未満児	2歳児

等の生理的欲求を満たし，生命の保持を図る。健康で安全な環境をつくり，常にからだの状態を細かく観察し，疾病や異常は

心して表せられるようにする。また，甘え等の依存的欲求を満たし，情緒の安定を図る

1歳3か月〜2歳未満児	2歳児
・一人ひとりの身体の発育・発達を把握し，やりたいという気持ちを大切にし，意欲的に生活できるようにしていく	・気候に応じて体調管理をする ・子どもの行動範囲を十分に把握し，安全な環境をつくる
・スキンシップにより，保育士とのかかわりの心地よさや，安心感を得るようにする ・興味や気持ちに寄り添いながら，自分の気持ちを安心して表せるようにする	・子どもの気持ちを受容し，共感しながら継続的な信頼関係を築いていく ・自分の力でやろうとする意欲を受け止め，認めていく
・自我が育つようなかかわりをもつ ・身の回りの大人や子ども，外界への好奇心や関心をもつ ・簡単な言葉を使ったり，絵本や玩具，身近な音楽に親しむ遊びを楽しむ	・友達とかかわって遊ぶ楽しさを味わう ・小動物や植物に，興味や関心を広げる ・言葉のやりとり，模倣遊び，ごっこ遊びを楽しむ
・身の回りの簡単なことを自分でしようとする気持ちが芽生える ・保育士に見守られ好きな玩具や自然物に自分からかかわり，戸外遊びを楽しむ	・身の回りの清潔や安全の習慣が少しずつ身に付く ・保育士の仲立ちで園庭でからだを使って遊んだり，手指を使う遊びを楽しむ
・安心できる保育士との関係のもとで身近な大人や友達に関心をもち，ごっこ遊びや模倣して遊んだり，楽しみをもって自分からかかわろうとする	・保育士との信頼関係を深め，安心して自分の気持ちを表す ・生活や遊びの中で，順番を待つなどの決まりがあることを知る ・保育士の仲立ちによって友達とのかかわり方を少しずつ知る
・好きな玩具や遊具に興味をもってかかわり，さまざまな遊びを楽しむ	・身の回りの自然，生き物，事物に興味，好奇心をもち保育者や友達と一緒に探索や模倣をして遊ぶ ・地域や季節の行事などに興味や関心をもつ
・保育士の話しかけややりとりの中で自分から片言で喋ることを楽しむ ・指差し，身振り，片言を使って要求や自分の気持ちを伝えようとする	・興味のある絵本を保育士と一緒に見たり，簡単なごっこ遊びをする中で，言葉のやりとりを楽しむ ・保育士や友達の言葉や話に興味や関心をもって，聞いたり話したりする ・生活に必要な言葉を使ったり，質問が盛んになる
・保育士と一緒に歌ったり簡単な手遊びをしたり，リズムに合わせてからだを動かしたりして遊ぶ	・保育士と一緒に歌ったり，リズムに合わせてからだを動かしたり，土・砂・紙などの素材に触れて楽しむ ・生活や遊びの中で興味のあることや経験したことなどを自分なりに表現する ・ごっこ遊びや見立て遊びが盛んになる
・さまざまな食材や調理形態に慣れ，楽しい雰囲気の下で食べることができる ・手づかみ，スプーンなどを使って意欲的に食べようとする	・意欲的に食べるようになる ・食べ物に関心をもち，友達と一緒に食事することを楽しむ

76   第4章 0, 1, 2歳児保育と計画

（表4-1の続き）

社会的責任	人権尊重	説明責任
・児童福祉法，保育所保育指針に基づく児童福祉施設として，児童，保護者，地域に対し，保育園の役割を確実に果たす ・職員は公私を問わず成熟した社会人であることを心がける	・基本的人権を尊重する ・児童の最善の利益を考慮する ・児童を個人として尊重する ・保護者もまた個人として尊重する ・職員の生活権を保障する	・保護者や地域社会に対して，当園の理念，方針や保育活動の目的，計画を，応答的な手段を用いて説明する ・日々の児童の様子や活動の内容を，多様な手段を用いて説明する
健康支援	・健康記録（子どもの体質・病歴・アレルギー等を記入） ・連絡ノート，顔の表情・顔色等を見て，健康状態の把握 ・健康状態・発育状態の定期的・継続的な把握 ・保健担当による巡回 ・きれいさっぱりデー（週1回） ・嘱託医による内科検診（年4回），歯科検診（年1回） ・検尿（年1回） ・虐待の予防・早期発見の対策 ・個別的な配慮を必要とする子どもへの支援・会議・研修 ・アレルギーの対応 ・感染症についての掲示 ・職員の自己管理 ・健康管理および感染症対応マニュアルの作成，周知	
環境・衛生管理	・施設内外の設備・用具，砂場等の衛生管理 ・給食担当者・全職員の検便（月1回） ・感染症・食中毒発生時の対応と対策（室内の消毒・衛生管理・保護者との連携） ・職員の衛生管理知識の向上 ・ゴキブリ駆除（年4回） ・植木・花の消毒，剪定 ・砂場の消毒（月1回） ・衛生管理マニュアルの作成，周知	
安全対策・事故防止	・ヒヤリハットマップの作成と実施 ・避難訓練の実施（月1回，火災・地震） ・安全点検（週1回） ・安全マーク，危険マークの掲示 ・救命救急講習受講（職員） ・安全管理マニュアルの作成，周知	
保護者への支援	・送迎時の子育て相談，連絡帳での育児相談 ・提示版でのお知らせ ・園だより，献立表（月1回） ・手づくり玩具の会（月1回） ・延長保育 ・つどいのひろば ・一時保育受け入れ ・個人懇談（年1回） ・家庭訪問（年1回） ・保護者の保育体験（年2回） ・ホームページ ・よいこネットの利用	
自己評価	・自己研鑽 ・言葉のチェック表	

情報保護	苦情処理・解決
・児童福祉の精神に基づいた保育事業を遂行するため，取得した名前，生年月日，健康状態等の個人情報を，当園の保育方針の範囲で利用することができる	・苦情解決責任者である園長のもとに，第三者委員を含めた苦情解決処理委員会を設置する ・苦情解決処理委員会の内容について，利用者すべてに周知する

保育の特色	・草花を植え，実のなる木を育てる ・オリジナル保育（3，4，5歳児…静画・4，5歳児…ひだまり，キッズゴスペル） ・就学を視野に入れた保育 ・異年齢児保育 ・クッキング保育 ・「親子の絆を深める」ための行事の取り組み ・温かい雰囲気を大切にした家庭的環境（安心と喜びのある保育室の提供） ・地域交流を視野に入れた交流活動の展開 ・職員の資質向上プランに基づく研修体系
小学校との連携	・地域の小学校訪問（年長） ・入学式・卒業式参列（職員） ・運動会見学 ・保育所児童保育要録を送付 ・ケース会議（卒園児，兄弟姉妹など）
研修計画	・園内研修（講師を招く・感想文提出等） ・園外研修（私立保育園連盟研修・府社協研修・ブロック会研修） ・ひかりのくにの絵本編集会議（がくしゅうひかりのくに，ぴこちゃんえほん）に，園長，職員1名が参加 ・自主的勉強
地域との連携	・つどいの広場 ・卒園生同窓会（年1回） ・よさみの福祉祭り参加（年長） ・ふらっとたのしむ住吉参加（年中） ・あびこ・遠里小野・山之内保育園との交流→4園合同ドッジボール大会 ・中学生の職場体験，保育実習，ボランティアの受け入れ ・地蔵盆参加 ・地域福祉施設連絡会運営に参加 ・区ボランティアセンター運営に参加 ・地域の諸機関との連携 ・勤労感謝の日に感謝を伝える（消防，警察，病院 他） ・区社協にて地域の方と一緒に玉ねぎ掘り（3歳児） ・年2回，住吉区市民協働課すみちゃん隊による防災・防犯のおはなし ・依羅地区の敬老会参加（年長） ・手づくり玩具の会

短期的な指導計画には，それらをさらに細かく具体化し，実情に応じた環境構成や保育者の援助内容を計画していく週案や日案がある。

つまり，保育実践の具体的な方向性を示すものが指導計画であり，具体的なねらいと内容，環境構成，予想される活動，保育者の援助，家庭との連携などが記載される。指導計画を立案する心構えとして，日頃から子どもの発達や成長の可能性をしっかりと観察し，把握すること，保護者と連携して保育所が共に子育てに取り組む姿勢を考慮に入れておくことなどが大切となる。また，その季節に発生しやすい感染症や必要となる安全対策などにも配慮していく。

（3）3歳未満児の保育における指導計画の作成

1）個別の指導計画の必要性

3歳未満児の心身の発育・発達は著しく，その個人差も大きいため，3歳未満児の保育における指導計画については，クラスとしての活動の方向性をとらえるものと，個別の指導計画が必要となる。

例えば，0歳児とは生後12か月までを指すが，実際の保育においては，産休明け保育から入所する乳児もいれば，4月半ばで1歳の誕生日を迎える子どももいる。保育所によってクラス編成の状況は異なるものと思われるが，生後2か月の子どもと1歳を過ぎた子どもが，同じ0歳児クラスに編成されることもある。このような状況で，それぞれの子どもに同じ保育内容を展開しようとしても，現実的に難しいことは想像に難くない。また，入所したばかりの乳児には，これまでの家庭での養育状況をふまえ，新しい保育の場に慣れるまで，きめ細かな対応をしていかなければならない。

2）家庭との連携を視野に入れること

子どもの生活は保育所と家庭で分断されるものではなく，連続したひとつながりのものであるため，保育所における保育の内容は，子どもの1日の生活全体の連続性をふまえて計画されなければならない。例えば，家庭での起床・就寝時間，授乳などの時間を知ることで，登園後どのタイミングで眠くなるのか，いつぐらいに空腹となるのかなど，保育者自身も子どものケアや発達に見通しがもてるようになる。また，パンツへの移行や，離乳食を進めるといった新たな援助が必要となる際には，家庭と園の対応が一貫していることが子どもの安

心感にもつながるため，家庭の意向を把握し，緊密な連携をとりながら進めて
いけるよう，計画に盛り込んでいくことも重要である。また，保護者の養育力
を支え，保育所での生活が親子共に充実したものになるように，家庭との連携
や子育ての支援についても，盛り込んでいく必要がある。

3）園内における職員間の連携を意識する

　乳児のクラスは複数担任となることが多いが，保育所における子どもの情緒
的な絆を深める観点から，緩やかな担当制の中で，特定の保育者がかかわる体
制がとれるようにしたい。食事や排泄など個別の対応が望まれるときや，子ど
もの情緒が安定しないときなどに，心の拠りどころとなる特定の保育者が対応
できる体制づくりを念頭におき，指導計画の作成を行う必要がある。その際，
担当する子どものことだけを理解し，それぞれが対応するという考え方よりも，
その子どもについて，どの保育者が対応しても同じようにかかわれるよう，保
育者間で情報共有をしつつ子ども理解を深め，互いに連携できる体制づくりが
求められる。

　さらに乳児は，心身共に未発達な部分が多く，看護師，栄養士，調理員等と
の協力体制のもと，特に保健や安全面への配慮が必要となる。それぞれの職種
の専門性を生かし，園内における職員間の連携が効果的に行えるよう，指導計
画に盛り込むことも重要となる。

3．指導計画の展開にあたって

（1）柔軟な活動の展開

　指導計画を作成したら，それで充実した保育が実践できるかといえばそうで
はない。指導計画は，あくまでも保育者が「こうなっていくだろう」「こうし
ていきたい」と構想する保育の「仮説」であって，子どもの状態や天候，突発
的な出来事などにより，計画と実践にずれが生じたり，計画どおりに進まなかっ
たりする場合もある。実際の保育においては，計画どおりに「させる」ことを
重視するのではなく，その時々の子どもの姿や遊びの様子に応じて，柔軟に保
育が展開されるよう留意していく。

　例えば，シール貼りを主な活動として計画したとしよう。実践では，指先の

巧緻性の高まりから，はがすことそのものに面白みを感じ，シールはがしに没頭する子どももいるだろう。そのような場合には，保育者が計画に従って子どもにシール貼りをさせようと苦心するよりも，はがす行為の面白さに共感し，はがす行為そのものを楽しめるよう別の素材を加えたり，はがす行為を発展させた遊びにつなげたりして，子どもの意欲的な経験となるよう，方向を転換していくことが求められる。

　つまり指導計画は，実践の中で絶えず修正する必要のあるものであり，保育者には柔軟な発想と対応が求められることとなる。特に環境構成においては，いざ活動を始めてみると変更の必要なことが多く，子どもの姿をよく見ながら，興味や関心に沿って環境を再構成していくことが必要となる。

（2）保育者に求められる多様な援助

　乳児の保育は，授乳したり，おむつを替えたりするような「世話」であるととらえる人も多いかもしれない。しかし，これまで述べてきたように，乳児は保護される対象であると同時に，主体的な存在であり，のびやかに自己を発揮しようとする成長もみられるようになる。保育を学ぶ学生に，日案や部分案などの指導計画を作成させると，保育者の援助として「言葉をかける」「〜するよう促す」といった表現に偏ることが多い。このことは，こうした行為が保育者の援助を指すものと認識されていることを示しているが，実際に保育者として子どもと向き合う頃には，より多様な援助方法を身に付けておきたい。

　乳児が棒落としのおもちゃに没頭している場面を想像してみよう。あなたは，子どもに言葉をかけるだろうか。その場合，どんな言葉を選び，その意図をどのように考えるのだろうか。何もいわず子どもの様子を観察し，見守る援助も考えられる。子どもが何かを発見して，ぱっと保育者のほうを振り返り，にっこり笑ったとしたら，保育者の援助として，どんなことがイメージされるだろうか。発見した驚きや感動に共感したり，うなずいてその気持ちを認めたり，さらなる発見につながるよう，環境を再構成することもあるだろう。

　このように保育者の援助には，見守る，共感する，助言する，提案するといった直接的なものや，環境を構成する，雰囲気をつくる，生活の流れを調整するなど間接的に行うものと多岐にわたる。やりたい気持ちはあるのだけれど，そ

の行為が子どもにはまだ難しいとき，さりげなく手を添えたり，できるように
モデルを示したりすることも，大切な援助である。子どもの主体性が十分に発
揮されるよう，状況に応じた援助について適切に判断できるようにしたい。

4. 記録と保育の振り返り

　指導計画に基づいて実践が行われた後，今日の活動内容は子どもにとって楽
しいものであったか，子どもの発達がどのように促進されたか，ほかの子ども
との関係はどう変化したかなどの振り返りが求められる。振り返りを行うこと
で，そのときにはみえなかったものが，断片をつなぎ合わせるように浮き彫り
になることも多く，保育者は，そこから新たな気付きや理解を得て，次の活動
につなげていくことができる。こうした振り返りのプロセスは，子どもをとら
える見方や自らの保育をとらえる視点を養い，保育者自身の専門性を向上させ
ていくことにもつながる。

　保育所保育指針においても，「保育士等は，保育の計画や保育の記録を通して，
自らの保育実践を振り返り，自己評価することを通して，その専門性の向上や
保育実践の改善に努めなければならない」と記されている。

　振り返りや評価の観点には，保育全般に対するものと，子どもの成長・発達
に関するものがある。保育全般に対する反省・評価としては，①指導計画のね
らいが，子どもの発達の実態に適していたか，②環境の構成が子どもの主体的
な活動を促すものになっていたか，③活動が一人ひとりの子どもの基本的欲求
に応え，生き生きと生活させるものであったか，④子どもの気持ちを受け止め，
適切な援助ができていたか，⑤個別対応だけでなく，ほかの子どもへの関心を
広げる仲立ちができたか，⑥家庭との連携がうまくとれたか，などといった観
点から行うことが考えられる。

　また，子どもの成長・発達に関しては，生活や遊びなどの場面を通して，①
発達の1つの過程が充実しているか，②からだの成長とともに情緒面での発達
がみられるか，③ほかの子どもへの関心やかかわりがみられるか，④親子や家
族における関係が良好なものとなっているか，などを観点とするとよい。

　評価を適切に行うためには，日々の記録が重要となるが，記録をとる中で，

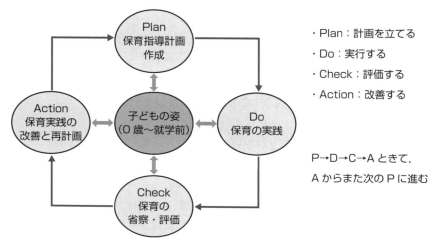

図4-2 保育の計画におけるPDCAサイクル

　保育者は子どもの思いや体験の意味，成長の姿などを客観的に理解できるようになり，指導計画に基づく実践や，一人ひとりへの援助が適切であったかどうかを評価することにもつながる。そこで浮かび上がってきた保育の課題は，次の指導計画に反映させていくことも求められる。つまり保育は，図4-2のように，計画，実践，省察・評価，改善，計画という循環を重ねながら展開されるものであり，実践の後の振り返りがあって初めて，次の保育が成り立ち，よりよい保育実践をつくり上げていくことができるのである。

5. 指導計画の実際
　　　― 0，1，2歳児の個別指導計画を例に

(1) 0歳児クラスにおける個別指導計画の書き方

　0歳児を例に，個別指導計画の書き方についてみていこう。まずは，保育所ごとに作成されている「全体的な計画」に基づいて，主体的な子どもの姿からクラスづくりを考えたい。具体的には，表4-2のように，①から⑧の順に検討し，個別の指導計画（ここでは月間指導計画（月案））を立てるとよい。

① 子どもの姿

　日誌や連絡帳などの記録を読み返し，前月末（4月のみ当月初め）の一人ひとりの子どもの姿を振り返る。この時期に顕著にあらわれてきたありのままの姿を，以下のa，b，cの観点から個別に書く。

　　a. 粗大運動など顕著な発達（寝返り，お座りなど），体調の変化（入院，けがや病気）

　　b. 養護面からみた発達を中心に（離乳食の食べ具合，排泄，睡眠の状況や手洗いなど）

　　c. 教育面からみた姿（音声のやりとり，あやし遊びや手遊び，絵本や玩具との出会い）

②-1　クラスづくり

　前月末（今月の初め）の子どもたちの姿の中から，育ちつつあること，保育者が育てたいことなどをふまえ，クラスづくりの方向性を検討する。その際，季節の特徴や養護の視点についても考慮し，クラス全体としてどのように育ってほしいかを考える。

②-2，②-3　個別のねらい・内容

　子ども一人ひとりのねらいと内容の記述では，その子どもの発達過程，興味や関心を把握し，発達への見通しをもつようにする。

③　環境と援助・配慮事項

　子どもが発達に必要な経験を積み重ねるために，どのような環境構成や援助，配慮が適切か考えて記入する。子どもが望ましい方向に向かって主体的に活動が展開されるよう，援助内容においても具体性が必要となる。

④　子育て支援（家庭や地域との連携を含む）

　保護者との「共育て」の観点からそれぞれの親子関係を把握し，家庭との連携や援助について記入する。子育て支援においては，保護者の受容，自己決定を尊重する姿勢から，保護者自身が納得して解決に至ることができるよう，援助を検討することが大切である。

⑤　健康・食育・安全への配慮

　乳児は特に心身の発達が未熟で抵抗力が弱いため，健康・安全への配慮は重要である。保育所保育指針における食育に関する内容をふまえ，望ましい食生

84　第4章　0，1，2歳児保育と計画

表4-2　0歳児の4月の個別指導計画の例

②-1　クラスづくり			今月の予定
養護：一人ひとりのありのままの姿を受け止め，特定の保育者が愛情豊かに応答的にかかわるようにする。 教育：ゆったりと語りかけ，ふれあいを楽しみ，安心して過ごせるようにする。			・身体計測 ・離乳食試食会
①　子どもの姿	②-2　ねらい	②-3　内容	
しんや　3か月 ・空腹になると泣き，ミルク160mLを15分程でよく飲みむせる。 ・眠くなるとぐずり，保育者に抱かれると眠るが，30分ほどで目覚める。 ・気分よく目覚めたとき，「アックン，アックン」と音声を出す。	・ミルクをゆっくり飲んで満足する。 ・睡眠のリズムの感覚が芽生える。 ・音声のやりとりを通して，愛着関係を深める。	・特定の保育者に抱かれて安心してミルクを飲む。 ・安心してぐっすり眠る。 ・保育者と音声のやりとりを繰り返す。	
みさお　6か月 ・野菜ペーストを食べるが，きゅうりは唇をふるわせる。 ・腹ばいの姿勢から座ろうとして，バランスを崩してゴローンと横に倒れる。 ・指を口に入れて，「アー」「ブー」と大きな声を出して遊ぶ。	・さまざまな食品に少しずつ慣れる。 ・のびのびとからだを動かし運動しようとする。 ・音声のやりとりを楽しむ。	・和やかな雰囲気の中で楽しさを味わう。 ・発達に応じて，十分にからだを動かす。 ・あやし遊びを繰り返し，手足を動かして楽しむ。	
しほな　10か月 ・特定の保育者の顔を見て大泣きし，抱かれると泣きやむ。 ・食事用の椅子に座ると大泣きし食べないが，保育者の膝に座ると，泣きじゃくりながら食べる。 ・特定の保育者が歌ったり語りかけたりすると，ニコッと笑う。	・不安を受け止められ安心する。 ・新しい環境で，安心して食べる。 ・特定の保育者の歌いかけや語りかけに関心を示す。	・受容的なかかわりから安心して過ごす ・抱かれて安心して食べようとする。 ・歌を聞きながら，特定の保育者とのやりとりを楽しむ。	
⑤　健康・食育・安全への配慮			⑦　長時間保育への配慮
・一人ひとりの予防接種の状況や既往症，発達・体質（アレルギーなど）の情報を把握しておく。 ・授乳，離乳食については保護者，調理担当者と連携しながら，個人差に配慮して進めるようにする。 ・室温・湿度・採光などに配慮し，快適に過ごせるようにし，SIDS予防の環境構成を工夫する。			朝夕の送迎時も，できるだけ同じ保育者がかかわれるように配慮して，0歳児保育室で安心して過ごせるようにする。

⑥　保育者等のチームワーク
・入園前の生活の仕方を共通理解し，一人ひとりの姿や食事・排泄・睡眠などの特徴をとらえ，できるだけ特定の保育者がかかわれるように，役割分担や勤務体制についても話し合う。 ・SIDS予防については，①入園まもなく，②6か月未満児，③病後の子どもの発生が最も多いため，午睡中の姿勢（仰向け寝），呼吸，顔色など安全確認を5分ごとに行い，「睡眠中の点検表」に記録し，複数の保育者が観察するなど共通認識して安全保育をする。

③　環境と援助・配慮事項	④　子育て支援
・咳き込むときには，哺乳瓶の乳首の穴の大きさやキャップの締め具合を調整し，様子を見る。咳が止まったら，横抱きにして授乳をする。 ・目覚めたときは，特定の保育者が子守歌を歌ったり，からだをなでたりして眠れるようにする。 ・機嫌のよいときは，音声のやりとりを楽しみ，目を合わせて心地よさを味わえるようにする	夜泣きから睡眠不足が続き体調不良の母親。服薬の必要があり母乳から人工乳に移行したが，母乳育児を続けたかった気持を受け止める。母親の健康を考え仕事や家事はペースダウンも必要と話し合う。
・離乳食の食材は，サツマイモやカボチャなど，いろいろな味に慣れるように家庭でも食べる機会について話し合う。 ・腹ばいで安全に遊べるようにして，緩やかな手づくり坂道などをおき，楽しくかかわるようにする。 ・優しく語りかけ，心地よく歌いかけるなどで発声のやりとりが一緒に楽しめるようにする。	唾液が増え，食べ物に興味を示すようになったことを保護者と共有し離乳開始のポイントを話し合う。食物アレルギーへの配慮から，はじめての食材は家庭で試食した後に給食の献立に取り入れることを共通理解する。食事の様子や排便状況など，些細なことも伝え合っていくことを確認する。
・バルコニーにマットを敷いて座り，ぬいぐるみを抱いたり話しかけ落ち着けるようにする。 ・膝に抱いて落ち着かせ，「一緒に食べようね」と少量ずつ様子を見ながら介助する。 ・抱っこして草花を見ながら「しほちゃん」と語りかけたり歌いかけたりして，安心して過ごせるようにする。	入園後泣くことの多い本児保護者への対応。おむつ替えや入眠時の対応や好きな遊びなどを聞き，共通したかかわりがもてるようにする。家庭で使用している食器や玩具などを持参してもらい，子どもが園生活になじみ，保護者が安心して生活できるようにする。

⑧　反省・評価（自己評価として大切にしたいこと）（この欄は，月末に記入する文例）
・一人ひとりの子どもの授乳や離乳食・睡眠の特徴を把握し，できるだけ特定の保育者が対応に努めたが，小さな物音ですぐに目覚めたり，不安な表情で，食が進まなかったりした子どももいた。保護者と連携をとり，愛着関係を深め，1日を通して心地よく安心して過ごせるようにしたい。 ・離乳食試食会や懇談会では，家庭での様子をうかがったり，園での様子を伝えたり，信頼関係を深めることができた。今後も保護者に安心してもらえるように，クラスだよりなどでも情報を提供していく。

［月刊 保育とカリキュラム　2019年4月号，pp.149-149を一部改変］

86　第4章　0，1，2歳児保育と計画

表4-3　1歳児の4月の個別指導計画の例

クラスのねらい	健康・食育・安全への配慮
・新しい環境の中で一人ひとりとのかかわりを十分にもち，安心して過ごせるようにしたい。 ・好きな玩具や戸外遊びを通して機嫌よく過ごせるようにもしていきたい。	・体調を崩しやすい時期なので，健康観察をていねいに行うとともに，一人ひとりの既往歴やアレルギーなどの情報を把握しておく。 ・園の食事に慣れ，楽しんで食べるようにする。 ・探索活動が十分できるように，危険箇所や遊具・玩具の安全点検をしておく。

	今月初めの子どもの姿	ねらい	内　容
低月齢児	・保護者と離れると不安げな顔をしたり，泣き続けたりしている。 ・保育者の膝に座って，食べさせてもらうのを待っている。 ・戸外に出ると泣きやみ，友達の動きを目で追っている。	・保育者に親しみ，安心して過ごす。 ・新しい環境に慣れ，周囲のものに関心をもつ。	・甘えや不安な気持ちを受け止めてもらい，安定感をもって過ごす。 ・園の食事に慣れ，食べさせてもらったり，手づかみで食べようとしたりする。 ・保育者との安定した関係の中で，機嫌よく遊ぼうとする。
高月齢児	・誘われてトイレに行くが，便器に座ったり，立ったりを繰り返している。 ・午睡の途中で泣いて目覚める子どももいるが，保育者がそばにつくと再びウトウトしている。 ・両手にボールを持ち，保育室を歩き回っている。	・保育者に見守られながら，園での生活の仕方に慣れる。 ・好きなことを見つけて機嫌よく遊ぶ。	・保育者と一緒にトイレに行き，オマルや便器での排泄に少しずつ慣れる。 ・一人ひとりの生活リズムで，安心して眠ろうとする。 ・保育者に見守られながら，探索活動を楽しむ。
個別指導計画	あゆな（1歳2か月） ・泣いていることが多いが，保育者に抱っこされると泣きやみ，周りを見ている。	・保育者に親しみ，安定感をもって過ごす。	・新しい生活の場に慣れ，保育者に見守られながら安心して過ごす。
	ゆう（1歳7か月） ・階段をのぼって滑り台の上まで行くが，滑れずにいる。	・身近な環境に興味や関心をもち，からだを動かすことを楽しむ。	・保育者と一緒にのぼったり，おりたりからだを使って十分に遊ぶ。
	たくや（2歳0か月） ・他児が近づいてくると「イヤ〜」と，部屋中を走り回っている。	・身近にいる子どもの存在に気付き，かかわる心地よさを感じる。	・保育者や身近な友達との安定した関係の中で，共に過ごす心地よさを感じる。

家庭・地域との連携（保護者への子育て支援も含む）
・朝の準備の手順を写真やイラストで掲示したり，行事予定などを「お知らせボード」に書いたりして，園生活の見通しをもてるようにする。
・送迎時や連絡帳で子どもの様子や生活リズムを伝え合い，保育参観や個人懇談の場を設けるなどして，保護者との信頼関係を築いていく。
・移動動物園や園庭開放の日程や内容を広報や掲示で伝え，地域への参加を呼びかける。

保育士等のチームワーク	長時間保育を充実させるために
・前担任からの引き継ぎ事項や保護者からの情報などを共有し，一人ひとりの育ちや特徴などかかわり方や配慮を共通理解しておく。 ・食物アレルギーについての情報を栄養士など調理担当者，担任間で確認し食事提供の仕方について話し合い，誤飲誤食の防止に努める。	マットを敷いてコーナーをつくったり，好きな玩具を用意したりして，ゆったりと過ごせるようにする。

環境づくりと援助・配慮　（◆は環境，○は援助・配慮）

◆新入園児と在園児に分けて，少人数ずつのグループをつくる。
○できるだけ同じ保育者が抱っこなどスキンシップを十分にとり，信頼関係を築いていく。
○ゆったりとした雰囲気の中で保育者に食べさせてもらったり，保育者や他児の食べる様子を見たりして，少しずつ園での食事に慣れるようにする。

◆子どもの目線に合わせて，かわいい動物のイラストを貼るなどトイレを親しみやすくしておく。
○時間を見計らってトイレに誘い，オマルや便器に座って排尿する様子を温かく見守っていく。出ないときは無理強いしないで，座ることに少しずつ慣れるようにしていく。

◆子守歌を歌ったり，オルゴール曲などゆったりとした音色のものを用意する。
○子どものそばにつき，からだをなでたり優しく語りかけたりするなど，一人ひとりに合った接し方をしながら，安心して眠れるようにする。また，目覚めたときには「おはよう」と言葉をかけるなど，寄り添っていく。

◆ハイハイや伝い歩き，ヨチヨチ歩きが十分できるように場所を広く開けるとともに，危険なものを取り除くなど整備しておく。また，マットなどを敷いて落ち着いて遊べる場所をつくっておく。
○探索活動が活発になっているので，危険のないように子どもから目を離さないようにする。
○「なんだろうね」「お友達いたね」など子どもの興味に共感したり，保育者も一緒に遊んだりしながら，共に過ごす楽しさを知らせていく。

○本児の不安な気持ちを温かく受け入れ，抱っこやふれあい遊びなどのスキンシップを通して信頼関係を深めていく。また保護者と園での様子を伝え合う中で，興味のある遊びや玩具を取り入れながら，一緒に過ごす心地よさを感じられるようにする。

○危険のないように見守りながら，保育者と滑り台をゆっくり滑ったり，本児の興味のある遊びを一緒にしたりして，からだを動かす機会を十分にもつようにしていく。

○本児の思いを受け止めるとともに，「ゆうちゃんは，たくちゃんと遊びたいのかな」「ゆうちゃん，たくちゃんのこと大好きなんだって」など他児の気持ちを代弁したり，保育者の仲立ちで少しずつかかわり方を知らせたりして，周囲の友達や保育者と一緒に過ごす心地よさに気付くようにしていく。

反省・評価（自己評価として大切にしたいこと）　＊今月の保育終了時の文例として

○まだまだ泣いて登園することもあるが，日中は笑顔も出てきて少しずつ園での生活に慣れてきたように思う。時には不安な表情をみせることもあるので，引き続き家庭との連携を大切にしながら，子どもの気持ちに寄り添い，無理なく生活リズムを形成していきたい。
○戸外へ出て気分転換をしたり，興味のある遊びを用意したりしたことで，機嫌よく過ごす時間が増えている。引き続き，個人差に配慮しながら好きな遊びを見つけて楽しめるように，環境を整えていきたい。

［月刊 保育とカリキュラム　2019 年 4 月号，pp.144-145 を一部改変］

88 第4章 0, 1, 2歳児保育と計画

活を展開するための環境整備や，援助方法を具体的に記入する。

⑥ 保育者等（施設長，保育士，看護師，栄養士など調理担当者）のチームワーク

特に，乳児クラスは複数担任制であり，保育者間，他職種間の連携は重要である。個別対応としての担当保育者の援助に加え，チームで保育が行えるように必要な役割について確認し，具体的に記入する。

⑦ 長時間保育への配慮

朝夕の延長保育が計画的・弾力的に運営できるように，通常保育との関連性を意識し，生活リズム，くつろげる保育環境，家庭との連携，その他の配慮事項などを細かく記入する。

⑧ 反省・評価（自己評価として大切にしたいこと）

計画に基づき展開してきた保育実践について，評価・反省を行う。計画におけるねらいや保育者の援助・配慮と，実際に子どもの中に育っている姿とを突き合わせて振り返る。反省・評価は，その月の終わりに書くものであるが，参考までに，保育終了後の文例を記載した。保育の質の向上のために，その月の保育の課題を明確にし，今後の保育に生かすべき内容を記入していく。

(2) 1, 2歳児クラスにおける個別指導計画の書き方

1歳児クラスでは，子どもの発達の月齢差がまだ大きいことから，9月頃までは高月齢児（4〜9月生まれの子ども）と低月齢児（10〜3月生まれの子ども）に区分して計画に示すことが多い。表4-3は，月齢差を考えた3人分（あゆな，ゆう，たくや）の個別指導計画である。10月頃からは，高月齢児，低月齢児に区分せず，クラス全体を集団としてとらえる計画に移行するが，年度によっては，高月齢児が多かったり，低月齢児が多かったりすることもあり，その年の子どもたちの姿から柔軟に考えていきたい。

2歳児クラスでは，1歳児ほど大きな月齢差はないので，クラス全体を集団ととらえて計画を立案するが，一人ひとりの発達や状況に応じた保育を行うために，個別指導計画においては，1歳児と同様に，具体的に記入することが大切である。

第5章
環境を通した保育

1. 行為を働きかけ，応答する環境

　子どもにとって身近な環境は，それ自体が何らかの行為をするよう働きかける側面をもつ。例えば，緩やかな斜面は，這うことが楽しくなってきた子どもに，「登ってみて」と語りかけているようにみえるかもしれないし，段ボールの家は，「中に入ってみたい」と子どもの好奇心をくすぐり，その窓から見える保育者の姿に，声を出して呼びかけたいと思わせることもあるだろう。
　子どもたちが環境に働きかけると，環境は何らかの変化をみせてくれる。子どもが土手でカエルを発見し，そっと近づこうとすると，カエルのほうが子どもに気付き，急いで水の中に飛び込んで，ぽちゃんと音を立てる。小川に笹舟を流すと，いつも川上から川下に流れていくが，笹舟を落とす場所やタイミングによって，流れていくスピードやルートは，その都度異なるものとなる。もちろん，先の段ボールの向こうにいる保育者も，にっこり笑って手を振ってくれるだろう。こちらからの働きかけによって環境が変化したり，周囲の状況によって異なる様相を示したりするとき，子どもたちは，その環境に対してどうしてこうなるのだろうと感じ，もっと働きかけてみたいと思うようになる。
　このように，保育における環境は，子どもの興味・関心を触発し，直接的経験をさまざまに引き出すものであり，環境との相互作用によって，子どもは多様な刺激を受け止める。子どもにとって魅力のある応答的な環境を構成することが，保育者にとって大切な役割となる。

90   第5章　環境を通した保育

2. 環境を通して行う保育

　保育所における保育は，環境を通して行うことを基本としている。ここでいう環境には，保育者や子どもなどの人的環境，施設や設備，遊具などの物的環境，さらには自然や社会の事象などがあり，これら人，物，場などが相互に関連し合って，保育の環境がつくり出されていく。子どもの発達にふさわしい保育の環境は，子どもの経験の豊かさに影響を及ぼしていくものであり，保育の環境構成のあり方は，保育の質に深く関連するものである。保育者は，子どもが環境との相互作用の中で，さまざまな能力を獲得していくことを理解し，豊かで応答性のある環境を構成していく必要がある。

　ちなみに，保育における環境構成とは，単なる装飾や整理整頓ではなく「保育者が，保育または保護者支援を目的として，人・自然・物・空間・時間等の環境を意図的に選択し構成する行為」ととらえられる。それは，乳幼児の発達過程に関する知識，玩具や生活用品の知識，保育の目標や方法，原理などの保育の専門的知識に基づいて行われるものとされる（高山，2014）。

3. 乳児の保育における環境

（1）安全な環境であること
1）けがや事故のない環境のために
　乳児は自ら外界に働きかけ，環境との相互的な関係の中で育っていく。よって，乳児の生活する環境が，けがや事故を誘発することのないよう，良質な環境づくりが大前提となる。ベッドや窓からの転落を防ぐ柵，転倒したときに角で頭をぶつけないようにするためのクッション，指詰めを防ぐ扉の工夫などは，保育者として当然配慮すべきことである。また子どもや職員の動線から，つまずいたり，ぶつかったりしないように，ベッドや棚の配置を考えることも必要となる。高い棚の上にキーボードや加湿器，重い本や書類などを置いておくと，地震発生時などに，それらが子どもに直撃することがあり，物の置き場所にも留意しなければならない。はさみや電池など，子どもにとって危険なものは，

中庭にて

　目の届かないところにしまわれていることも肝心である。子どもの目線から保育室がどのように見えるか，危険はないかといった視点から，保育室の環境を考えたい。

　また，保育室の清潔を保ち，土や砂，ハウスダストを除去することはもちろんのこと，小麦粉などでアレルギーを引き起こす子どももいるため，遊びの素材を事前に確認しておくことも必要となる。子どもの安全のためには，特に0歳児での感触遊びなどで，食紅や片栗粉，米粉のような食品を使うことも考えられる。石や砂，虫もすべて子どもにとっては玩具となるので，常に子どもから目を離さないよう見守ることも重要である。

2）子どもの安全と探索活動

　行動範囲が広がり探索活動が盛んになるのは，乳児から幼児にかけてである。探索活動を通してさまざまな発見をし，感動や喜びを感じるようになるが，この時期に，安全第一という考えから，監視しやすいよう，家具類をすべて壁に寄せて真ん中に何もない空間をつくっている保育室がみられる。しかし，そうした何もない空間では探索活動は行われない。興味のあるものがないため，結局は部屋の中を走り回るだけになり，落ち着かないざわざわした時間を過ごすことになる。後述するように，安全を考慮しながら，子どもの主体的な遊びを引き出す環境づくりを考えたいものである。

92　　第5章　環境を通した保育

（2）安心できる場所であること

　幼い子どもが，初めて保護者と離れて家族以外の人と過ごすとき，どのような保育環境であれば，子どもは安心していられるだろうか。

　保育室に一歩入ったとき，一番先に目につくのは保育室の壁，カーテン，床の色などであろう。寝ていることが多い乳児には，天井や照明の色などが目に入る。乳児の部屋は，柔らかい色合いや質感が望まれる。カーペットやクッションの色や素材なども，部屋全体の雰囲気づくりに影響する。

　人間は長時間，直線的な環境（ビルが立ち並ぶ都会的な環境）の中で過ごすと気持ちが疲れやすく，曲線的な空間（自然や布，柔らかさを感じられる環境）の中では，やすらぎを感じる。感受性の豊かな乳幼児期には，自然を感じたり，温かさ，柔らかさを感じられたりするような空間で，ほっこり落ち着いて過ごせる日常が必要である。

　また，集団の中で情緒の安定する愛着関係をつくることが，乳児の心身の発達には重要である。子どもが不安や緊張に直面しても，身体的・精神的に助けられ，励まされる環境となるように，特定の保育者による温かく安定したかかわりが可能となる体制づくりを工夫したい。

（3）快適な生活が送れる場所

1）食・寝・遊を保証する環境

　住宅などの生活空間では「食寝分離」などといわれるように，寝る場所と食事をする場所は，別の空間として独立しているのが一般的である。保育所では「食・寝」に加えて「食・寝・遊」の分離がさらに有効ともいわれている。食事室のある園の場合，午睡しない子どもの過ごす場所を確保したり，保育室に常設の遊びコーナーを設けたりといったことが多くみられる（全国社会福祉協議会，2009）。乳児の保育室においては，食事，排世，睡眠，着脱などの生活の場と，遊びの空間を分けることが理想である。しかしわが国の保育所は，広さという点では必ずしも恵まれておらず，「食寝遊分離」の実現は，困難な場合が多い。保育者は限られた空間の中で，さまざまな遊びや生活のためのよりよい環境を考え，できるかぎり実践していくことが望まれる。

2）身支度のための受け入れコーナー

　保育室に続く受け入れ室を設けたり，部屋の出入り口にロッカーなどを配置するなどして，家庭から子どもを受け入れるコーナーをつくっている園も多い。登園時には，保護者が子どもの上着を掛けたり，着替えやおむつなどを補充したりして，身支度を整える。遊びのための空間と身支度のための空間がそれぞれ分かれていると，受け入れコーナーで待っている間に，子どもからはほかの子どもたちの遊びの様子が見え，早く遊びたいという気持ちが高まることも期待される。保護者が遊びの空間を横切らなくてよいため，子どもの遊びが中断されたり，関心が途切れたりといった，子どもたちへの影響も少ないようである。保護者からすれば，室内で過ごしている子どもの様子から，保育所での生活を理解しやすいという利点もあり，子育て情報や園からのお知らせなどを発信する大切な情報コーナーとしても活用できる。季節の絵本や自然物を展示すると，親子にとって居心地のよい場所になり，さまざまな工夫が可能となるコーナーでもある。

3）食事のための環境づくり

　a. 望ましい食事の環境：膝に抱いて食べさせる，一人ひとりラックに座らせるなど，0歳児の食事に対する考え方によって園で構成される環境は異なるが，落ち着いた雰囲気の中で，子どもがゆったりと食事のできる環境が望ましい。

　離乳食から普通食へ移行する頃には，さまざまな味や食感を感じて食事が楽しめるようになる。また，手づかみや，こぼしながらも自分でスプーンを使って食べようとする時期でもあるので，特に，清潔に留意して食べられるようにする。保育者の近くにウェットティッシュや濡

膝に抱かれて食べる

みんなで，「おいしいね」

れタオルを多めに置き，口の周りや手指，時にはテーブルの上をさっと拭けるようにしておく。また「自分で食べる」意欲を尊重するために，扱いやすいコップや皿など，材質や質感を含め，慎重に選んでいくことも求められる。

自分で座って食べられるようになると，「自分の場所」にこだわりをもつようになるため，テーブルやいすは，決まったものを使用できるようにするとよい。子どものからだが小さく，いすに座ったときに足が浮いてしまう場合には，背もたれや足置きを設け，安定した姿勢がとれるよう配慮することも大切である。

テーブル付きいすに座って「もぐもぐ」

b. 食事場面における保育者：5，6か月の頃，スプーンを下唇に軽くちょんちょんとおくと，口を開けるようになる。保育者は，「スープをどうぞ」と言葉を添え，子どもが自分で唇を閉じるのを待つようにする。

7，8か月の頃になると，軟らかいものは舌で押しつぶせるようになる。口の中に食べ物が残っていても，口を開けてもっとほしいと催促することがあるが，「ごっくんしてね」と優しくさとし，飲み込んでから次に進めていきたい。丸飲みする癖がついた子どもは，野菜などを食べたがらないことも多い。自分で食べる楽しさを味わえるように，小さいおにぎりにしたり，野菜をスティック状にしたりして，手で持って食べられる工夫をするとよい。

また，この時期の子どもの食事中の沈黙は，食べることに集中する姿でもある。楽しく食べる雰囲気づくりは必要であるが，むやみに言葉をかけるよりも，指さしや視線など子どものサインを適切にとらえ，応答していく姿勢も大切である。

4）落ち着いて眠る環境

生後1か月の乳児は，1日の大半を眠って過ごすが，次第に24時間周期の睡眠覚醒リズムがみられるようになり，睡眠が夜間に集中するようになると，昼寝の回数や時間も徐々に減少する。原則カーテンは不要であり，直射日光が入るところはレースのカーテンをする程度でよい。SIDS（乳幼児突然死症候群）

予防の観点から，子どもの呼吸の様子や顔色などを観察するためにも，明るさは必要である。

騒音など外的要因の影響による睡眠の質の低下は，子どもの能力の発達や免疫力に影響するとの報告がなされている。騒音や他児に邪魔されることのないよう，落ち着いた午睡の環境を用意する必要がある。早く眠りにつく子や入眠まで時間のかかる子，早く目覚める子どもなど，一人ひとりの午睡のリズムはさまざまである。園での午睡は，家庭での生活リズムとひとつながりのものであることをふまえ，子どもが落ち着いて眠れるよう，入眠，起床のタイミングや布団の位置などを考慮することが求められる。

午睡中の2歳児

また，早く目覚めた子どもが，保育者の近くで絵本やブロックなど，静かに遊べる空間を設けておくことも必要となる。

5）排泄の環境

第2章で述べたように，排泄の自立はトレーニングによるものではなく，その子どもの排泄機能の発達と関連するものである。同じ時間に強制的にトイレに連れていくスタイルよりも，一人ひとりの排泄の時刻等を記録し，その子どもの間隔やしぐさを観察して適切な援助をしていきたい。

a. おむつ交換の場所：おむつは，どこで交換するとよいだろうか。どんなに小さな乳児であっても，人前でおむつを替えることは，プライバシーを大切にする観点から避けたいものである。感染症予防など衛生面からも，決まった場所でのおむつ替えが推奨される。

ほかの子どもから見えないところにおむつ交換台を置き，そこに行けばおむつを替えるのだとわかるようにすると，子どもは今から何が行われるのかを理解して行動するようになる。おむつ交換台に寝ている子どもから見えるように，おむつ替えで行われることをイラストで示し，掲示している園もある。

96 第5章 環境を通した保育

おむつ交換台に小さな階段を設置しておくと，ハイハイや歩行ができるようになった子どもたちが，自分からそこに向かう姿もみられる。おむつ交換は，子どもにとって受動的な「替えられる」ことではなく，自分から「替えてもらう」行為となり，子どもの主体性の育ちにもつながっていく。

　b.　おむつ替えにおける保育者の援助：「おむつ濡れたね。気持ち悪いね」「今からおむつ替えるよ」「ゴロンするね」など，介助する前に，子どもが見通しをもてるような言葉をかけると，子どもも安心して介助の心構えができる。また，おむつ交換のひとときは，子どもと保育者が1対1でふれあえる絶好の機会でもある。優しく言葉をかけながら，足の屈伸やマッサージなどを行い，心地よいスキンシップの時間にしていきたい。できるだけ特定の保育者が行うことで，情緒的な絆の形成にもつながっていく。

(4) 生き生きと主体的に活動できる環境
1) 室内の環境
　a.　「さわりたい」「つかみたい」が満足できるように：保育者との安定した関係を拠りどころとして，特に0歳児は自分を取り巻く環境にからだを通してふれ，さまざまな外界の刺激を感じ取り，その探索する世界を徐々に広げていく。ながめたり，触ったり，なめたりと，身近なものをさまざまな方法で試すことでその対象に親しみ，面白さを味わい，さらに，外界に関心を向けるようになる。

　この時期の玩具は，握りやすく，口に入れても安全なものを与えるようにする。ガラガラや歯がためなどは個別に用意し，清潔を保つように毎日流水で洗い，日光消毒などを行う。

　子どもが目で見て，触ってみたいと思ったものを，自分で取りにいけるような環境を構成する。例えば，子どもが手を伸ばしたり，這っていけば取れる位置に玩具を置く，這うときの目の高さに壁面玩具を貼り付けるなどの方法も考えられる。「もう少し手を伸ばせば届く」「あそこまでいけば，○○で遊べる」といった，興味のある対象に向かう意欲が育つようにしたい。這う，歩くが促進されるように，また，そうした移動が促進されることによってさらに探索したい意欲が高まるように，空間を構成していくことが望まれる。

3. 乳児の保育における環境　　97

　b．出たり入ったり隠れたりが楽しめるように：「いないいないばあ」を楽しめる時期になると，自分の姿を隠して，見つけてもらう遊びを楽しむようになる。戸棚の下段を空っぽにしてカーテンを取り付け，子どものからだが入れるようにすると，子どもは自ら戸棚に入ってカーテンで顔を隠し，保育者に見つけてもらおうとする。見つけてもらうと大喜びで，また戸棚に入ることを繰り返す。

「いないいないばあ」

　布を貼った段ボールを置くと，その中にすっぽりからだを収めて座ってみたり，箱をまたいで出てみたり，段ボールを押して一緒に移動したりと，いろいろな方法を試して遊ぶ姿がみられる。

　c．玩具の場所が目で見てわかるように：大きな玩具箱におもちゃをたくさん詰め込んでいると，使いたいものを探すために子どもたちが1か所に集まり，ト

子どもが出しやすい玩具箱

ラブルにつながることもある。子どもがいつでも自分の気に入った玩具を手に取れるよう，子どもの手の届く，決められた場所に玩具を置くようにする。玩具は種類別に分けたり，コーナーを設けたりするなど，その玩具がどこにあるかがひと目でわかるようにしておくことも大切である。かごや棚に玩具の写真を貼ったり，人形はベッドに寝かせて片付けたりといった工夫も考えられる。色や形に興味を示すようになったら，ブロックやチェーンリングなどの箱は，色や形別に用意しておくと，遊びの延長として，それらを片付けようとする姿もみられる。

　d．隣り合って，それぞれが遊べるように：ほかの子どもが遊んでいるものに興味をもち，それを取って遊ぼうとすることがみられるようになる。このようなときには，同じ種類の玩具を複数用意し，子どもにも，同じものがほかに

もあることを伝えていく。周囲に関心が向きやすく，遊びへの集中が難しい場合には，遊びと遊びのスペースをついたてなどで区切り，したい遊びを自分のスペースで十分に行うことができるようにする。ついたては，子どもの集中を妨げないようにするものであり，保育者からは，誰がどこで遊んでいるかが見渡せるような高さであることが望ましい。

2）屋外の環境

a．園　庭：戸外遊びを活発に行う幼児にとって，園庭が広く，砂場やブランコ，総合遊具などでからだを思い切り動かせる環境は魅力的であろう。一方，乳児にとっては，動きの速い幼児とは別のスペースに区切られた乳児エリアや中庭などが，安心して過ごすことのできる場となる。

幼児クラスと園庭を共有する場合には，時間や空間の割り当てについて保育者間で話し合い，開放的な遊びの機会を安心してもてるようにしたい。

b．地域の身近な自然：自然とのふれあいは，幼い子どもにとっての驚きや感動を生み，好奇心や探求心を高めていくものである。身近な地域における自然とのふれあいは，普段の園庭ではみられない動植物に出会う機会であり，それらに対する親しみや興味の入り口となる。地域の身近な自然の中に身をおくことで，手触り，重さ，大きさ，におい，動き，鳴き声など，さまざまな感覚による直接的な体験をしたり，命をもつものの存在を実感したりすることにもつながる。現代を生きる私たちは，周囲の情報のほとんどを視覚から得ているが，散歩や園外保育などの機会をとらえ，五感を通した直接的体験を，乳児が十分もてるようにしたいものである。

砂遊び「お山できた」

「みーつけた」

4. 乳児の音環境

　保育所の中では，日常的に子どもたちの笑い声や泣き声，歌声や楽器の音，保育者の声など，さまざまな「音」であふれている。その音が，子どもも保育者も意識しない間に「騒音」となり，健康に影響を及ぼすとしたらどうだろう。

　保育所は，乳幼児が生活の場として長い時間を過ごす施設である。特に乳児にとっては，音の知覚と生成を獲得し，言語の獲得・体系化が大きく進む時期を過ごすところでもある。しかしわが国では，小中高等学校を対象とした音環境についての規準・指針*は示されているが，保育所など未就学児の施設は，この対象には含まれていない。

　保育所は，にぎやかで当たり前という認識のもと，日常の保育を行っていると，保育室内の騒音の大きさについて改めて考えることはなく，子どもは，厳しい音環境におかれたままとなる。

　表5-1から「普通の会話」は，騒音レベル60dB「うるさい」に相当する。保育者の話し方が，特に，乳児に対して「うるさい」環境になってはいないか考えたい。さらに，「掃除機」は騒音レベル70dB「うるさい」である。食事や午睡の前後に清掃をすることは多いであろうが，騒音への配慮は必要である。

　騒音への配慮の必要から，保育者に何ができるかを考えてみよう。例えば，子どもたちが大きな声を出して遊んでいるとき，保育者があえて静かに子どもに近づいていき，語りかけたり，歌いかけたりすることが考えられる。子どもたちは，保育者の落ち着いた口調に気付き，それに合わせて大声を出すことを控えるようになるだろう。また，少人数で小さな輪になり，やさしい口調で話をするなど，保育者が子どもたちと活動する空間を調整することも有効である。乳児の場合は，小空間を形成することで，必要以上に大声を出すことが回避され，「静かな環境」が得られやすい。さらに，そもそも保育者が大きな声を出

＊　学校施設（主として小中学校）における教室内の許容騒音レベルは，普通教室で40dB（デシベル）とされている。
　（dBは音の強さの単位。0dBは成人が聞くことができる最小の音を示し，これに対して何倍の音であるかを対数表示したもの）

100　第5章　環境を通した保育

表5-1　建築物の遮音性能基準と設計指針

騒音レベル [dB]		音の大きさのめやす	
きわめて うるさい	140	ジェットエンジンの近く	聴覚機能に異常を きたす
	130	肉体的な苦痛を感じる限界	
	120	飛行機のプロペラエンジンの直前・近くの雷鳴	
	110	ヘリコプターの近く・自動車のクラクションの 直前	
	100	電車が通る時のガード下・自動車のクラクショ ン	
	90	大声・犬の鳴き声・大声による独唱・騒々しい 工場内	きわめてうるさい
	80	地下鉄の車内（窓を閉けたとき）・ピアノの音 聴力障害の限界	
うるさい	70	掃除機・騒々しい街頭・キータイプの音	うるさい
	60	普通の会話・チャイム・時速40キロで走る自動 車の内部	
普通	50	エアコンの室外機・静かな事務所	日常生活で望まし い範囲
	40	静かな住宅地・深夜の市内・図書館	
静か	30	ささやき声・深夜の郊外	静か
	20	ささやき・木の葉のふれあう音	

［日本建築学会（1997）建築物の遮音性能基準と設計指針，技報堂出版より抜粋］

さなくてもよいように，ゆとりをもたせた環境構成を工夫し，場面に応じた適
切な声量を意識するなど，普段からの取り組みも重要となる。

　「子どもは元気なもの，元気な子どもはにぎやかなもの」，そして「先生も子
どもに負けずに大きな声を張り上げ，元気に保育を行っている」のが保育所で
あり，「うるささ」は「元気」の名のもとに，むしろ肯定的な認識がなされる
ことが多い。しかし，視覚や聴覚などさまざまな能力を成長させていく大切な
乳幼児期において，「強度の騒音環境」が日中の保育時間の大半を占め，それ
が保育所で日常的となっているのだとすれば，乳幼児の発達への影響が懸念さ
れ，さらには，保育者の聴力にも支障をきたす可能性がある。保育所における
「静かな環境」実現への創意工夫が望まれる。

第6章
乳児の遊びと援助

1. 乳児における遊びの重要性

(1) 遊びとは何か
1) 遊びについての研究

　乳児期の遊びは，人が，生涯を豊かに生きる土台となる力を育てるものである。小さく愛らしい赤ちゃんが泣き声を上げたり，微笑みを浮かべたりすると，大人は，無条件に赤ちゃんに話しかけたり，あやしたりする。これは，まだ何も自分ではできない赤ちゃんに備わった，コミュニケーション能力だといわれている。安定した人との応答は，やがて乳児が環境にあるものや，人にかかわる遊びへつながっていく。遊びについて考えるとき，大人や小学生以上の児童・生徒・学生にとっては，仕事と遊び，勉強と遊びのように，遊びを二項対立的にとらえることが多い。遊びは余暇を楽しむもの，息抜き，自発的な楽しみといった意味合いをもっているようで，乳幼児の遊びとは見方が異なる。
　わが国では，平安時代末期に後白河法皇によって編まれた歌謡集である『梁塵秘抄(りょうじんひしょう)』の，「遊びをせんとや生れけむ　戯れせんとや生れけん……」という歌謡が知られているが，遊びは文化の発生より以前から存在したといわれている。
　では，遊びの存在とその本性についての研究は，どのようにされてきたのだろうか。遊びの分析をしたホイジンガ（Huizinga, J. 1872-1945）は，文化史的な視点から遊びを考察し「すべては遊びに由来する」とし，行為の中のある本質的な役目を遊びが分担し，遊びの目的は，行為そのものの中にあるという。遊びが果たすこの役割は，言語や規則にかかわること，詩，芸術，哲学的思索

102 第6章 乳児の遊びと援助

など，人間の活動のあらゆる形式を，遊びという角度から考察できるという。

またピアジェ（Piaget, J. 1896-1980）は，発達心理学的な視点からみて，3つの段階の特徴を示している。「構造の3つの大きな類型」では，練習の遊び，シンボル的な遊び，規則の遊びとし，逐次的な段階の設定となっている。練習の遊びは自然発生的な遊びで，身振りやしぐさ，おしゃべり，もてあそび，探求や破砕の遊びなどが含まれる。シンボル的な遊びでは，虚構の遊び，ふりや模倣，再現行為や表象行為があらわれ，規則の遊びは，社会制度の構成や集団的な遊びの中での協力や相互の尊重がなされるようになり，子どもの自律性へとつながる。

カイヨワ（Caillois, R. 1913-1978）は，社会学的な視点から遊びを考察し，遊びの体系をアゴーン（競争の遊び），アレア（サイコロを振るなどする運に任せた偶然の遊び），ミミクリー（何かになったりする擬態・模擬の遊び），インクリス（回転や落下などめまいを求める遊び）の4つに区分することを提案した。カイヨワはこの中で，動物にはない遊びとしてアレアを優れて人間的な遊びとしている。

またアンリオ（Henriot, J. 1923- ）は，哲学的な観点から遊びを考察している。遊びとは「遊びと名付けられているもの」のことである，という。物事や行為は一般的に，命名されることによって初めて意味をもつようになるということから，人間がある行為を遊びと命名することこそ，遊びに地位を与えることであるという。乳幼児のさまざまな行為を遊びと命名することで，遊びの根源的意味をそこにもたせられる。すなわち，遊びと命名することによって，その行為は本来の意味での遊びになるという。

2) 遊びの定義・遊びになる条件

主体を子どもとして遊びの定義を示すと，以下のようになる。

・その活動が子どもにとって楽しいこと
・子どもにとってその楽しい活動をすること自体が目的であること
・子ども自身が自分の要求や意思に基づいて行っている活動で，ほかから強制され，拘束されているという感じを子どもがもたないこと

これらの条件を満たすその行為が，遊びとなる。遊びは人間の根源的な行為であり，遊びの目的は行為そのものの中にあるといえる。

（2）乳幼児教育における遊びの位置づけ
1）遊びは学び

　幼稚園教育要領，幼保連携型認定こども園教育・保育要領，保育所保育指針の総則には，幼児教育において幼児期の発達の特性をふまえて，遊びを生活の中心と位置づけている。幼児教育が基本として位置づけている遊びとは，子どもの勝手な遊びや気ままに任せた活動を意味するのではない。教育基本法第11条には幼児教育の目的は「生涯にわたる人格形成の基礎を培う重要なもの」と示されている。保育・教育現場における遊びは，子どもたちが人的・物的環境にかかわって主体的に生み出す活動ではあるが，自己形成力を培うには，遊びが子どもに多様な経験をもたらし，遊びが知の形成へとつながっていく。

　学校教育における学習において，小学校以上が教科制の学習体制をとっているのとは異なり，乳幼児教育では，遊びを通した学びが中心である。ここで，乳幼児期の遊びは学びだという保育者の認識が重要となる。子どもたちが遊びを通して学ぶこととはいったい何なのだろうか。それは生き方を学ぶことだといえる。

　子どもには遊びから学ぶ権利が保障されている。わが国では，1951（昭和26）年に制定された児童憲章第9条によって「すべての児童は，よい遊び場と文化財を用意され，悪い環境からまもられる」と，遊ぶ権利が示されている。1989（平成元）年に国連総会で採択された児童の権利に関する条約（子どもの権利条約）第31条においても，児童が遊ぶ機会を与えられる権利について明記されている。

2）遊びを通して育つもの

　「社会性の高い大人ほど子ども時代によく遊んだ」「学力が高い者ほど幼児期に思い切り遊んだ経験をもつ」という報告があるように，子ども時代の遊びは，生きる力として重要なさまざまな能力を培う。

　レイチェル・カーソン（Carson, R.L. 1907-1964）は，著書『センス・オブ・ワンダー』で，レイチェルが小さな甥のロジャーを伴って，たびたび，荒波の打ちつける厳しい風景の海岸へ赴いたときのことを書いている。そこでの経験は，自然の力に対する驚きと畏敬の念をもたらすものであった。センス・オブ・ワンダーとは，神秘さや不思議さに目を見張る心のことである。美しいものを

美しいと感じる感覚，新しいものや未知なものにふれたときの感激，思いやり，憐れみ，賛嘆や愛情などのさまざまな形の感情がひとたび呼びさまされると，次はその対象となるものについて，もっとよく知りたいと思うようになる，とレイチェルは述べている。鮮烈な自然との出会いとその中での遊びは，探求心を培ったのである。また，こうした自然の中での遊びだけでなく，鬼遊びなどのルールのある遊びを通じて，私たちは，社会規範を守ることを学ぶ。遊びの中でのものの取り合いやぶつかり合いを経験して，人とのかかわり方やコミュニケーションの方法，突発的な変化に対応する問題解決力などを身に付け，集団遊びの中では他者とイメージを共有する過程で言葉や表現の多様性を感じ取り，協同の面白さを経験することができる。

(3) 乳児期の遊びを理解する
1) 土台の形成
　乳児期の遊びは生活に密着しており，遊びの定義に示したように，それ自体が楽しいと感じる活動のことである。乳児期の遊びは，最初は身体的な動きとの関連もあり受動的にみえるが，発達とともに主体的に取り組むようになる。遊びは学びであり，遊びを通じて豊かな心を培い，自らの資質・能力を伸ばし生きる力の最も基本的な部分を形成する。乳児期の遊びは，その土台をつくる意味で重要である。ここでは，乳児期の遊びの逐次的な変化と遊びの意味をみていくことにする。

2) 遊びの始まり
　生後3か月までの赤ちゃんは，おっぱいを飲み，排泄し，眠ることが日々の活動である。自分の前にあるものをじっと見つめる，力強くミルクを飲む姿に「おいしいね」と声をかけてもらい，おむつを替える際に足を持ってリズムをとって動かしてもらい，眠りの際にはゆったりとした子守歌を歌ってもらったりする。

　5，6か月になると，周囲にいる大人の顔を見て微笑んだり，泣いたりして周囲の大人を引き寄せ，言葉がけや援助を引き出していく。表情や身振りで他者と対話しながら，相手の変化を読んでいるのであり，ものと自分と他者の三項関係を結んで，コミュニケーションを楽しんでいるのである。これらを通し

てやがて人とのかかわりに心地よい安心感が芽生えると，自ら周囲の世界にかかわろうとする。

　7，8か月児が「いないいないばあ」を何度も楽しむのも，永続性の形成ができてくるからである。人の永続性が形成される過程で，乳児は，場と人との状況を直感的に感じ取って，遊びのコミュニケーションをつくり出していく。乳児が自分で移動できるようになると遊びも格段に変化する。腹ばいで両手にものを持ち，振ってみたり，お座りができるようになると持ったものを持ち換えたり，それらを合わせてパチンと音をさせてみたりして遊ぶ姿がみられる。ハイハイで移動したり歩行ができるようになると，移動する空間が広がりをもつとともに，ものや場に興味をもち，探索的にかかわったり，狭い隙間にカードを何枚も入れて同じ行為を繰り返したりする1歳児の活動もみられる。積み木を積んだり崩したり並べたり動かしたり，時には，話をしたりしながら同じ場に何人か一緒にいる2歳児がいる。これらは自然発生的な遊びで，身振りやしぐさ，おしゃべり，もてあそび，探求や破砕の遊びなどが含まれ，環境に働きかけることで変化をもたらす，主体的な存在としての自分という感覚，自己肯定感をもつための重要な遊びである。その最盛期は2歳前後であるとされる。

3）遊びの広がり

　1〜2歳時期の保育室には，生活で使うカップや皿が玩具としていつでも使えるように置かれている。1歳半ぐらいの子どもは，手近にあるカップを手当たり次第に重ねていたが，2歳を過ぎた別の子どもは，カップの大小を考えて重ねたり，色や形別にグルーピングしたりしている。2歳児は色や形，大きさなどに関心をもつようになり，知的発達や，大小など対の概念形成がなされ，遊びにも反映される。別の遊びも見受けられる。1人の子どもは何も入っていないカップを口に当てて飲むふりをしている。別の子どもは，ままごとの玩具で「キャベツ切ってる」と，していることを言語化しつつ料理をしているつもりで遊んでいる。

　象徴的な遊びは，見立て遊びやごっこ遊びのような現実世界とは異なる虚構の遊び，ふりや模倣，再現行為や表象行為があらわれる。イメージは，生活経験の積み重ねによって形成されていく。象徴的な遊びは，言語の獲得との関係が深く，イメージ形成と深くかかわる遊びであり，創造性の育成や協同性の芽

106 第6章 乳児の遊びと援助

生えなどにつながる，幼児期に向けて盛んになる遊びである。

（4）保育者の働き

1）遊びを見る力と援助

　子どもが夢中になって遊ぶ姿の陰には，保育者の働きがあるといわれる。今この場で遊ぶ子どもとの応答だけでなく，子どもの日常の姿をとらえ，遊びの場や玩具を整え今に至る。乳児期は言葉での応答がないか，きわめて少ない時期でもある。表情や泣き方の違い，かかわり方の変化などから，大人が自分の勝手な解釈で子どもが望まないかかわりをすることを避けなければならない。保育者が，空き容器で型抜きをして乳児用の砂場の縁に並べていると，それを見つけた1歳児が1つずつ壊していく。全部なくなると，「もう1回」と型抜きを要求する。つくる・壊すが何度か続いたのち，次の要求に対して保育者は同じ行動をとらずに，型抜きをしていた空き容器を渡してみた。子どもは保育者のまねをするように自分で砂の型を抜いた。遊びを繰り返すうち，型抜きをする行為を子どもが見ていたことに気付いた保育者のかかわりであった。子どもの行為や要求を受容し対応することは基本であるが，子どもの遊びの行為を見て，時には違う遊びに誘ったり，遊びの様子を見守り，待ってみたりすることも必要である。子どもの自発的な活動である遊びの援助は，子ども理解が重要なカギになる。

2）遊びを育てる

　保育者は，乳児がしている遊びがものとのかかわりが中心であるのか，探索的な要素が強いのか，リアリティーを求めた遊びなのか，イメージと関連した活動なのかなど，遊びの質を読み取って対応することが必要である。乳児の遊びは，3か月未満児が見つめる行為が，目の前の人を自分に働きかけるように誘い，ある種のコミュニケーションを楽しむものであることから，遊びは人とかかわる，ものやこととかかわる，ものやことを介して人とかかわることで，自分と世界の関係を探る行為だといえる。保育者は子どもの遊びを育てるために，子ども理解を起点として，0，1，2歳児が未来に向かって育つ姿をイメージして，今のかかわりを選択する必要があるだろう。

2. わらべうた・ふれあい遊び

(1)「わらべうた」とは

　わらべうたは，昔から子どもに歌い継がれてきた歌である。子どもと目を合わせながら歌って聞かせたり，てまり歌や数え歌など，遊びに伴って歌われるものもある。わらべうたは，語りかけるようなメロディーで音域が狭く，小節や音の跳躍も少ないため，子どもにとって親しみやすく，繰り返し歌うことによって，自分なりにアレンジしていく。また，歌いながら子どものからだにふれたり，抱いたり，くすぐったり，子どもと大人とのふれあいが自然に促進される。

(2) わらべうたの効用
1) 子どもを「1人の人」として

　乳児のわらべうたには，1対1で向き合い，優しく歌いながら顔やからだにふれて行われるものがある。「自分だけに」という関係の中で乳児が1人の「人」として大切に扱われ，やりとりを繰り返し楽しめるため，自然に，情緒の安定にもつながっていく。わらべうたを介した心地よいやりとりは，自己肯定感や他者の

目を見つめながら優しく

存在の認識にもつながり，保育者との基本的信頼関係を育むことにも影響していく。

2) 子どもを引き付けるわらべうた

　わらべうたは，長年子どもに歌い継がれてきたものであり，子どもにとって魅力的な独自の音や節をもち，心地よく，また，身近に感じられるものである。そのため，わらべうたが聞こえてくると，子どもはその声のほうに目を向け，保育者のほうに近づいていくなど，関心を寄せる姿がみられる。

3) いつでも，どこでも，どのようにでも

わらべうたは，「子どもがそこにいること」から出発するものである。ピアノなどの楽器がなくてもどこでも歌え，子どもの様子に合わせてテンポを変えたり，歌詞や節をアレンジしたりすることもできる。保育者の楽しい様子に子どもが応え，今度は，子どもがまねして返すこともある。子どもと保育者が共に心を通わせ，相互にやりとりすることにもつながっていく。手や足を動かせるように

ここは父ちゃんにんどころ

なったら，保育者と一緒に手を打ち，にっこり笑い合う姿や，くすぐってもらうことを期待してじっと保育者を見つめる姿がみられるなど，わらべうたの魅力は大きいものである。

(3) わらべうたの指導方法
1) 名前を呼ぶことから

わらべうたは，語りかけるような口調で子どもに寄り添う。名前を呼ばれることからわらべうたの世界にふれていく子どもたちは多い。節をつけて「♪○○ちゃーん」「はあい」と返事をする遊びは，その代表である。声は出ないけれど目を見て応えてくる子ども，からだを弾ませて全身で返事をする子ども，中にはかく

せんべいやけたかな♪

れてしまう子どももいるが，名前に節をつけて呼ぶことで，保育者も子どもへの親しみを強め，優しい気持ちになる。双方のこうしたふれあいが，気持ちの通い合いの第一歩となっていく。

2) 顔やからだにふれて

目はここ，鼻はここと，大人が自分の顔を1つ1つふれて歌うと，子どもも

それをまねるようになる。眉毛，目，鼻，頬，口と，遊びながらほかの部位に広げていくことも楽しい。子どもの顔をそっと撫でて，ふれあうことの心地よさを感じる遊びもある。大人の顔を触ろうとすることもあるが，そのようなときは，歌いながらふられたところをパチパチ，パクパク動かしてみよう。子どもも大喜びして，わらべうたに興じるだろう。

3) 小道具の活用

スカーフ，指人形などのような小物が，子どもたちの興味を引く。小道具は素朴なものを選び，事故やけがなどを誘発しないものを考えたい。「いないいないばあ」などで顔にスカーフをかぶせて遊ぶ場合も，向こう側が透けて見える素材で，顔にかかるくらいの大きさが望ましい。

4) 保育者の生の声で

最近は，わらべうたで遊んだ経験がなかったり，子守歌を知らない保育者も多くなってきた。しかし，今からでもわらべうたを覚えると，子どもとのふれあい遊びをすぐに始めることができる。例えば，乳児がこちらに向かって「あーあー」と声を出しているときに，目を見ながら優しく語りかけたり，歌いかけたりするとよい。子どもと目を合わせ，手をとって優しく語りかけると，子どものほうからその子なりの方法で，何かを伝えようとしてくることもある。

子どもに語りかけ，歌いかけるツールとして，保育者の生の声を大切にしたい。保育者がさりげなく口ずさむ声によって，子どもたちはほっと安心してくつろげる。わらべうたには，親と子どもや，保育者と子どもの関係性をよい方向にしていく力がある。

(4) わらべうたの実際

1) 保育所で歌われているわらべうた

実際に，保育所で歌われているわらべうたを，いくつか紹介したい。以下は，入所の時期や季節を考慮して区分したものである。

春	にぎにぎにぎ，ちょちちょちあわわ，ここは父ちゃん，いっぽんばし
夏	おふねはぎっちらこ，ももやももや，ほたる，とっちんかっちん
秋	あがりめさがりめ，うさぎうさぎ，せんべいせんべいやけた
冬	さよならあんころもち，ひーらいたひーらいた，おすわりやす

2) さよならあんころもち

〈遊び方〉

歌に合わせて手拍子をする。「またきなこ」のところは握りこぶしをつくる。最後にあんころもちを「パク！」と口に入れるしぐさをする。子どもの口に入れるしぐさも楽しい。「どんな味だった？」とたずね，子どものイメージからやりとりを広げることもできる。

3) おすわりやす

〈遊び方〉

保育者のひざの上に子どもを座らせる。子どものからだを支えながら歌い，保育者の足を上下させる。最後の「こけまっせ」で保育者の足を開き，子どもを両足の間にストンと下ろす。

3. 絵　　本

(1) 絵本と保育

子どもにとって絵本は，面白くて，楽しく，喜びや悲しみ，切なさなど，さまざまな感情を体験することのできる教材である。保育者は，乳児が好奇心をもち，変化に驚き，感動する経験を大切にしたいと願うものであるが，直接体験は難しくても絵本を通した疑似体験は，子どもの想像力を育み，豊かな時間

を過ごすのを助けてくれる。また，これまでの直接体験を思い出したり，確認したり，もっとその先の世界に思いをはせたりするのにも，絵本は有効である。

絵本は，保育者や大人にも，いろいろなことを気付かせてくれる。子どもの心に立ち返って，面白いことや楽しいと思うこと，気になること，あれやこれやと想像し，イメージがふくらむ。絵本にふれていく中で，身近な経験を子どもの目線からとらえ直すことが容易になるかもしれない。

保育所保育指針では，「絵本や物語等に親しむとともに，言葉のやり取りを通じて身近な人と気持ちを通わせる」ことが，1歳以上3歳未満児の保育におけるねらい（領域「言葉」）として示されている。この時期，保育者は，子どもが興味や関心をもって言葉に親しめるように環境を整え，子どもたちが言葉の響きに面白さを感じ，模倣をしたり，口ずさんだりして楽しむことを，十分に経験できるようにしていきたいものである。

(2) 絵本の選び方

市場には，多種多様な絵本があふれている。キャラクターもの，創作もの，シリーズ絵本や月刊絵本，布絵本など幅広い。保育者として，子どもの発達に適切な絵本を選ぶには，どのような観点が必要なのだろうか。

1）楽しさを共有できること

絵本を選ぶにあたっては，まず，保育者も一緒にその世界を面白いと感じ，子どもと楽しさを共有できるものが望ましい。それでも，子どもの楽しい感覚がつかめないという保育者には，まず，長年読み継がれてきた絵本を読み聞かせてみることをおすすめする。心から楽しんだ本は，子どもにとって何度も繰り返し読んでほしいものとなるため，ロングセラーとして読み継がれている絵本の中には，子どもが楽しいと思えるエッセンスが含まれていると考えられる。声に出してそれらの絵本を読み，子どもにとって何が楽しいのか，保育者が自ら感じる努力も必要であろう。

2）言葉の美しさ

子どもたちは，絵本の文章を耳で聞いて楽しむ。日本語として美しく，声に出したときの言葉の響きが，耳に心地よいことが大切である。方言なども味わいや豊かさがあり，その地域に根差す文化や言葉遣いに，より身近に感じられ

る絵本もある。「だれか　のりませんか？」「のせて　のせて」など繰り返しの言葉や，「サッサのエッサッサ」「ホイサ　ホイサ」のようなリズムのある言葉も，子どもは大好きである。それを声にするだけで，楽しく愉快で元気になる。また，「すーっ　とん」や「ギザギザ」などオノマトペ*といわれる写声語や擬音語があると，その音と一緒に絵が浮かび上がり，絵が動き出すように感じられることもある。

　人間は，言葉を使って思考を深める。この時期に，美しく豊かな言葉と出会うことは，その後の人生にとっても非常に重要なことといえる。

3）絵と言葉の調和

　絵本の絵を見れば物語を理解できるほど，生き生きと１つ１つの場面が描かれていることがある。文章を読まなくても絵だけでストーリーが感じられ，心地よいリズムや世界観が伝わってくる絵本もある。絵本作家によっては面白い絵が先に浮かび，それにストーリーがかき立てられ，具体的な言葉が紡ぎ出されることもあるという。文章では表現されないストーリーを絵が補足し，さらにイメージを豊かにしてくれることもある。

　絵本は，絵と言葉がよく調和し，しっくりとなじんでいるものがよい。絵と言葉は，互いに重なり合って効果を高め合うのである。

4）子どもの発達過程に即して

　２歳前後の子どもは，生活習慣の形成が１つの発達課題となり，「ジブンデスル」ことを主張する姿がしばしばみられる。この時期の絵本も，子どもの発達過程に即して，生活場面や生活習慣をテーマにしたものを考慮に入れたい。

　また，経験したことや考えたことを自分なりに言葉で表現するようになる時期でもあり，自分なりのイメージから，ふりやなりきることを楽しんだり，ごっこ遊びに発展していくこともある。絵本に出てくる「おやっ？」「まあー？」など簡単な言葉の繰り返しを，感情移入しながら楽しむ姿もみられる。子どもがあこがれを抱いたり，生活の中で体験できることをテーマに，子どもが追体験できるような絵本を選びたいものである。

＊　オノマトペ：擬声語および擬態語の総称。「ワンワン」「バタバタ」などのように，音や声を表すものを「擬声語」「擬音語」，「そわそわ」「ぐずぐず」のように状態や様子を表すものを「擬態語」という。

季節感や子どもの発達過程を大切に考え，月刊絵本を活用する園もある。月刊絵本は季節の自然や行事を扱うことも多く，文章の長さや興味・関心など，子どもの発達に即したものとなっている。

まずは，いろいろな絵本を手に取ってみること，子どもの発達過程や興味・関心を観察し，その季節や時期，状況をも考慮に入れて，楽しい絵本を選びたいものである。

(3)「読み語り」のポイント
1)「読み語り」とは
　絵本を子どもに読む行為は**読み聞かせ**ともいわれている。ただ，「聞かせる」という言葉には，無意識であっても，読み手からの恩恵的な「聞かせてあげる」という意味合いが払拭できない。一方，「語り」は，日本の伝統芸能である，能，狂言，浄瑠璃，浪花節，落語などでも使われる言葉であり，語り部，語り継ぐ，語り手，語り明かすなどと，今でも用いられている。そこには，上－下といった関係性よりも，対等な関係性がイメージされる。よって，ここでは，**読み語り**の用語を使うこととする。

2)「読み語り」のポイント
　読み語りは，保育者にとっては表現行為である。声の強弱や声色の変化といった声のトーンや，リズミカルに読むなどの技術面に加え，「面白く，はっきり，わかりやすく，心をこめて」行うとよい。優しい語りかけやゆったりとした歌いかけに，子どもは心地よさを感じるものである。

　また，子どもの発する音声や言葉には耳を傾け，応答的なやりとりを重ねる

114 第6章 乳児の遊びと援助

ことも心がけたい。自分の気持ちを伝えようとする，子どもの意欲につながるからである。「もういっかいよんで」と，何度もせがまれるときには，その要求に応えて，繰り返し読みたいものである。読むたびに異なる表情，声色，身振りなどで表現する方法もある。また，言葉のもつ響きやリズムの面白さ，美しさを感じるために，心を込めて読み語ることを忘れてはならない。同じ絵本でも，大人が心を込めるか否かで，子どもの興味に雲泥の差が生じることは想像に難くない。

（4）絵本と環境の重要性

　子どもが興味をもつ絵本は，子どもの個性に呼応するものである。身近な保育の環境に，気に入ったシリーズや作家の絵本を用意し，子どもが自発的に見られるようにすることは，子どものより深い関心や，好奇心の向上につながる。季節や発達過程に沿った絵本を子どもの手の届くところにおき，見たいときに読んでもらえる環境が望ましい。

　園によっては，絵本コーナーや園文庫を設置し，送迎時に親子が自然とふれあえるようにしているところもある。貸し出しノートから，その家庭の絵本の好みや子育ての様子が読み取れる。常設のコーナーの設置が難しい場合は，定期的に絵本の広場などを開催し，親子が楽しみにできる環境も工夫される。

　読み語りの場は，地域社会にも広がっている。絵本との出会いは，心に栄養を与え，子どもの成長の一助となると考えられている。地域の図書館や子育て支援センターなどでは，絵本ボランティアによる読み語り活動が積極的に行われているところも多い。また，赤ちゃんが誕生した家庭のすべてに絵本をプレゼントする**ブックスタート***を実施する市町村が増えてきている。

　このように，豊かな言葉と絵の世界にふれる経験を積むことで，子ども自身も言葉を使うことを楽しむようになる。乳児期からの身近な人との温かいふれあいの中で，絵本に親しんできた子どもは，感性豊かに，それぞれの思いや感動を大切に感じ，互いに伝え合うことができる存在として成長していくものと

---

*　ブックスタート：1992（平成4）年，イギリスの民間の教育基金団体ブックトラストによって始められた活動である。日本では2000（平成12）年の「子ども読書年」から特定非営利活動法人として始まる。

3. 絵　本　　*115*

表6-1　テーマ別絵本リスト

テーマ	題　名	作　者	出版社
食事	まるくて　おいしいよ	こにし　えいこ	福音館書店
	しろくまちゃんのほっとけーき	わかやま　けん	こぐま社
	ばばばあちゃんのアイス・パーティ	さとう　わきこ	福音館書店
排泄	ぷくちゃんのすてきなぱんつ	ひろかわ　さえこ	アリス館
	うんちが　ぽとん	アロナ・フランケル作／さくま　ゆみこ訳	アリス館
	ノンタン　おしっこ　しーしー	キヨノ　サチコ	偕成社
睡眠	ねんねん　ねこねこ	ながの　ひでこ	アリス館
	おやすみなさい　こっこさん	片山　健	福音館書店
	おやすみ，ぼく	アンドリュー・ダッド文／エマ・クエイ絵／落合恵子訳	クレヨンハウス
ブックスタート	ぎったん　ばっこん	なかえ　よしを文／上野紀子絵	文化出版局
	がたん　ごとん　がたん　ごとん	安西水丸	福音館書店
	いない　いない　ばあ	松谷みよ子文／瀬川康男絵	童心社
	くっついた	三浦太郎	こぐま社
	ぴょーん	まつおか　たつひで	ポプラ社
	ごぶごぶ　ごぼごぼ	駒形克己	福音館書店
	きゅっ　きゅっ　きゅっ	林　明子	福音館書店
子育て支援	子どもへのまなざし　続・完	佐々木正美著／山脇百合子画	福音館書店
	Today　今日	伊藤比呂美訳／下田昌克画	福音館書店
	あかちゃんあそぼ　あっぷっぷ	中川ひろたか文／村上康成絵	ひかりのくに

思われる。

　最後に，ぜひ手に取ってもらいたい絵本の一覧をテーマごとに表6-1にまとめたので参考にしていただきたい。

コラム　絵本と子育て

「成長した子どもが，人のためを思い涙することができたら，その子育ては成功したといえる」と，ある著名な作家の言葉を耳にしたことがある。この言葉が，子育てについて端的に言い当てているとともに，その奥にある深くて大きな問いかけに感銘を受ける。人の気持ちに共感し，寄り添えることは「人間」たる由縁であり，美徳であろう。

画家であり絵本作家である筆者は，絵本の創作を通して，このような広い意味での「共感の心」を伝え育てていきたいと考えている。「共感」する対象は，人とは限らない。さまざまな動物や自然物に対しても，その内に「いのち」や「こころ」を認め，それらに共感する優しい姿を描き出していきたい。

筆者の絵本『おやっ？』を例にみてみよう。主人公のブルドッグは，道行く動物たちの姿を目にし，「おやっ？」と気になり，一見"悪ふざけ"にも思えるような行動をとっている。カメを前にしたときには，大きなどん

[うえのあけみ（1994）おやっ？．たんぽぽ版9月号，鈴木出版]

ぶりを背中に付けて，カメと同じように振る舞いながら，カメの後をついていく（イラスト上）。これは，カメが甲羅を背負う姿に「さぞや，重くて不自由であろう」と共感してのことであり，自分もカメに近い「姿かたち」になろうと，涙ぐましい努力をしているのである。

また，アヒルの行列に出会ったときにも，同じような姿になってみようと，くちばしの代わりに大きな紙コップを付け，背筋を伸ばして二足歩行を試みている（イラスト中）。家ごと引っ越しながら，ゆっくり移動するカタツムリとの出会いからも，主人公は，自身の家を背負いながら，日々家ごと移動するとは，自分たちにどんな苦労をもたらすのかということを実感しようとしている（イラスト下）。主人公は単に動物たちのまねをしているように見えるかもしれない。しかし，それぞれのイラストにおける主人公のまなざしをよく見てみよう。そこからは，まねをして面白がっているというよりも，動物たちの姿や習性に共感する優しい心

根が読み取れる。こうした優しい心根が，読者（ここでは乳幼児）の心に響き，「心の栄養」になっていく。

　筆者は，「心の栄養」をたくさんとっていくことで，その人の中に「感性」が育っていくと考えている。「感性」とは，大人が教えて身に付くものではない。絵本の美しい絵や力強い絵を何度も見たり，優しく語りかけてもらったり，歌いかけてもらったり，そのようにして育った子どもたちの中に，少しずつ芽吹き，息づいていくものであると考える。ぷっと吹き出すような面白さから絵本が好きになる子どもも多いが，やがて絵本から，何となく悲しい気持ちを読み取ったり，登場人物が苦悩しながらも前に進もうとしている場面に出会ったりするとき，そこに子どもは共感を寄せるのである。

人の気持ちに共感し寄り添える人を育てるには，乳児期から，身近な大人が心を込めて，優しく，繰り返し語ることが大切であろう。本質は，絵本も子育ても同じなのである。

4．手づくり玩具

(1) 子どもにとっておもちゃとは

　おもちゃとは，子どもが遊ぶための道具である。子どもにとって，石や砂，木切れなどの身近な素材は，すぐさま遊び道具となり，それによって，子どものイメージは広がっていく。しかし，子どもが小石を「ケーキ」に見立て，さらにそのイメージが広がって，皿に盛り付けてみたい，お茶も一緒に飲んでみたいなどと思ったときには，皿やコップなどのままごとの道具があると，子どもの遊びはさらに発展していく。ケーキ屋さんやレストランごっこに発展する場合は，同じ道具がいくつかそろっていると楽しい雰囲気が醸し出され，ほかの子どもや保育者とも，その遊びを共有することができるようになる。

　このように，子どもにとっておもちゃとは，遊びを発展させる道具として重要なものであり，保育者は，子どもの発達過程や興味・関心に沿って，それらを用意していく必要がある。

(2) 手づくり玩具の有効性

　保育所保育指針には，「玩具などは，音質，形，色，大きさなど子どもの発達状態に応じて適切なものを選び，遊びを通して感覚の発達が促されるように工夫すること」（領域「環境」内容の取扱い）と示されている。乳児の場合，一人ひとりの発達は目覚ましい。例えば，握る，つかむ，つまむといった手指の発達に伴って，子どもが楽しいと感じられる遊びは，その都度変わるものである。普段の姿勢も，寝ている状態から，寝返りができるようになり，腹這い，座位，ハイハイなど，日を追うごとに変化していく。「発達に適した」おもちゃは，子どもが発達過程にあるその時期に，どのようなことに興味・関心をもち，どのような発達課題を乗り越えようとしているのかを読み取ってこそ用意できるものである。保育者は，子どもの日々の発達の変化を観察し，読み取る専門家であり，一人ひとりの子どもの発達に，より適した玩具を用意する専門性を備える必要がある。

　手づくりおもちゃは，その素材や素朴な風合いから，柔らかで温かいものと表現される。洗濯ばさみやペットボトルなど大人が普段の生活の中で扱っているものを，自分も同じように手に取ることに楽しさを覚える子どもの姿もある。また加工の容易さ，多様な創意工夫の可能性から，子どもの現在の身体能力や認知能力を使って，さらに遊びを広げ，子どもの「やってみたい」「どうしてそうなるんだろう」という気持ちを引き出していく利点もある。

　例えば，箱に穴をあけ，穴の中にカードを入れて遊ぶおもちゃをつくったとしよう。あなたが保育者なら，すべて同じ大きさの穴にするだろうか。あるいは，少しずつ穴を小さくした箱も用意するだろうか。穴の大きさを少し変えることで，カードを入れるという行為の難易度が変化する。これまで同じ穴の箱で繰り返しカード入れを楽しみ，穴に入れる行為が習熟した子どもに，いつもより小さい穴の箱を渡してみよう。いつもと同じようにカードを入れようとするが，いつもと異なる状況に気付き，子どもは新たな試行錯誤を始めるだろう。繰り返して遊び，カードを再びうまく入れられるようになることで，子どもは，達成感を積み重ねていく。それと同時に，穴の大きさを見分ける認知能力や手先の巧緻性の発達も促され，うまくできなかったときの対処法も学んでいく。

（3）具体的な手づくりおもちゃ
1）洗濯ばさみを使って

　子どもは，大人が普段なにげなく使っているものに興味をもつ。洗濯ばさみもその1つである。手指の機能が高まってきた1歳前後の子どもに，洗濯ばさみで挟んだ段ボール紙を渡すと，洗濯ばさみを1つ1つはずす姿がみられる。「パチン」「パチン」とはずす感触が楽しいようで，全部はずすと，「ウン」とうなずいて段ボール紙を保育者に渡してくれる。「も

洗濯ばさみのおもちゃ

う1回，洗濯ばさみを付けて」という合図である。段ボール紙をカニやライオンの形にしても楽しい。

　2歳頃には，さらに手や指先の機能が発達し，洗濯ばさみで挟むことができるようになる。ひもに通した洗濯ばさみで作品やカードを挟んだり，輪切りの状態にした牛乳パックをいくつも用意すると，長くつなげたりして楽しむ姿もみられる。

2）紙管にポトン，ポトン

　小さな穴を見つけると，興味津々な様子で指や手を入れ，その感触を確かめ，何かものを入れようとする姿がしばしばみられる。子どもたちの好奇心を満たし，「やってみたい」思いが満たされる玩具の工夫が求められる。ラップの芯などの紙管を適当な長さに切りそろえて並べ，右の写真のようにビニールテープや布を巻き付け留めてみよう。留めた紙管を菓子箱などに収めて箱を持つようにすれば，紙管に入れたものが底から飛び出さない。穴に入れるものは，

紙管にポトン

短く切ったホース，誤飲防止のために3つ以上つなげたペットボトルのキャップ，ハンカチなどの布等が考えら

れる。子どもの興味・関心を観察しながら，穴に入れるものを変えてみたり，新たな工夫を加えてみても楽しい。穴に入れることに満足したら，紙管を持ち上げて保育者に見せようとする姿もある。最初は，底から勢いよくものが飛び出すことにびっくりするが，次第にそのことが楽しく，何度も繰り返して楽しむようになる。

　紙管の太さによって，入れる行為の難易度も変化する。そのほかにも，紙管の長さを子どものひざ丈より少し短くしてそろえると，子ども用のいすになる。工夫を凝らし，さまざまな遊びにつながる玩具を考案したいものである。

3）身近なものをボードに貼ろう

　探索活動が盛んになると，身の回りのものの感触を確かめ，その特徴を知ったり，仕組みを考えたりする姿がみられるようになる。手指を使い，貼ったりはがしたり，入れたり出したりが楽しめる玩具を考えてみたい。

　ボードに面ファスナーの粘着面を貼り，さまざまな色や形のスポンジを用意する。面ファスナーの位置を点在させたり，長くのばしたりと工夫することで，遊び方も異なる。ボードの面ファスナーに数個のスポンジを貼って，あとのスポンジはそばに置いておこう。子どもが気付いて手を伸ばし，やがて自ら遊ぶ姿がみられるようになる。

ボードに貼ろう

　ボードに透明のポーチを留めたり，ひもを通して洗濯ばさみで挟めるようにしたり，スポンジ以外に貼り付く素材を取り入れたりすると，さらに遊びが広がっていく。一度にすべての素材を出してしまうのではなく，子どもの様子を見ながら，少しずつ出していくようにするほうが，1つ1つの素材とじっくりかかわる姿がみられ，新しい素材に対する興味・関心も高まるようである。

（4）製作にあたっての留意事項
1）子どもの姿から玩具を考える

　一見「いたずら」にみえる行為の中にも，子どもの発達特性として共通にみ

られるものがたくさんある。はがす，引っ張る，詰める，入れたり出したりするといった行為は，その代表的なものであろう。日頃の子どもの姿をよく観察し，発達過程のその時期に，その子どもにとって楽しい遊びとは何かを読み取り，子どもの興味・関心，発達に合わせた玩具を考案していくことが大切である。

2）身近な素材を活用する

　生活の中にある素材を使うことで，子どもにとっても「触ってみたい」「遊んでみたい」身近な玩具となりやすい。また，素材加工の自由度が高く，つくり手の創意工夫が求められる手づくり玩具は，遊び手の子ども自身のイメージを広げていく。やがて身近な素材からヒントを得て，子ども自身が考案し，新たなものを創り出す経験にもつながりやすい。

3）安全面，衛生面に配慮する

　誤飲を回避するため，製作にあたって玩具の大きさには特に注意したい。誤飲チェッカーなどを活用したり，口に入れて確かめる行為のある子どもには使用しないなどの配慮が必要となる。とがったものは避ける，角は丸くなるよう加工する，切り口にはビニールテープを貼るなど，子どもが安全に使えるように製作することも忘れてはならない。汚れに対しても，容易に対処できるよう，洗える素材や拭き取れる素材を使用することが望ましい。

5. 乳児の造形

（1）乳児の造形とは

1）造形とは何か

　造形とは「ものとかかわり，ものを変化させる活動」である。「もの」とは素材のことで，粘土，紙，パス，絵の具などの素材だけでなく，ペットボトル，牛乳パック，ストロー，どんぐり，砂，水など，身近な雑材や自然物のことをいう。造形活動は「もの」がなければ成立しない活動でもある。以上のことをふまえて，乳児の造形的な遊びのシーンをみてみよう。

　乳児用の砂場の一角に，空き容器で型抜きした砂の小さな山がある。1歳児がその前にちょこんと座って，片手でその砂の山を壊した。傍にいた保育者が「こわれたね」と言って新たに型抜きで小さな山をつくると，また壊した。子

どもは目で「もう1回」と要求したので，保育者は砂の型抜きをつくる。子どもが壊す。今度は「もっかい（もう1回）」と言葉で言い，この遊びは何度も続いた。

上記の場面での「もの」は砂であり，子どもは型抜きした砂の小さな山を壊すというかかわりをしている。砂の山は壊れて形をなくし，砂は元の砂場の砂に還った。「もの」の形状が変化したのである。壊すのも造形で，破砕活動というマイナスのかかわりも造形である（右写真）。

砂にかかわる　1歳児

2）乳児期の造形で育つもの

砂の小さな山を壊すことを繰り返すという行為を「造形」という窓口からみると，子どもは造形活動を通して何を感じたのだろうか。乳児のこの行為は，砂の山に対して「なんだろう」と身近にあるものに興味をもって，それが何者であるかを確かめる行為であり，自己と外界の関係を探る姿でもあると考えられる。これらは0，1，2歳児期の探索的な活動であり，主体性や自己肯定感を培う遊びでもある。幼児期に豊かな造形活動を展開する原点として，乳児の造形活動は表現への意欲や主体性を培い，遊びの土台を育てるとともに，人間形成にとって重要な学びの世界がある。

3）「かかわる」とはどのようなことか

造形活動において「もの」とは素材のことであると前述したが，ものに「かかわる」とはどのようなことなのだろうか。例えば，新聞紙をつつく・にぎるなどの"行為"や，やぶる・ちぎる・まるめる・くっつけるなどの"操作"をすることを「もの＝新聞紙」に「かかわる」という。乳児のものとの出会い，ものとのかかわりは，彼らを取り巻く環境の中に日常的にあり，乳児は，日常生活の中で造形的なかかわりを絶えずしているともいえる。

（2）どのような活動があるのだろう—活動のタイプ

1）ものとの出会い・ものとかかわる活動からイメージの生成へ

0，1歳児の造形的な遊びでは，身近にあるものを持って振ったり転がした

りする，容器に入れたり出したりするなど，ものに触れたり探索的にかかわったりする行為がみられる。1，2歳児では，小麦粉粘土をちぎったりくっつけたりまるめたりする操作や，**なぐりがき**（**スクリブル**ともいう）のいろいろな線を画用紙の空間いっぱいに描くことを試したり，楽しんだりする姿がみられる。2歳前後になると，伸ばした粘土に「ヘビさん」と後付けで命名したりしている姿や，なぐりがきした線が閉じて円形のようになったものを「ママ」などと見立てたりする姿がみられるようになったり，カップや皿，ままごとセットなどを使ってごっこ的な遊びがみられ，イメージの形成と連動した活動がみられるのもこの頃である。やがて3歳児期になると，**頭足人**と呼ばれる人の初期的な描画表現があらわれるが，0，1，2歳児は個人差はあるが，まだ具体的な形をつくったり描いたりする表現や，役割分担が明快な再現的なごっこは，発達的に出現しない時期である。

2) 乳児の造形活動の種類

乳児期の造形を分類し，造形活動の特徴と適当な素材について次に解説する。

a. もの系：さまざまな素材をたたく，握る，振るなど，この時期の子どもなりの行為でものにかかわる。身近な生活用品や空き容器，紙，砂，水など。

b. 感触系：身近な素材にからだ，特に手でふれ，快・不快や感触の違いなどに気付く。水，砂，小麦粉粘土，紙，寒天，フィンガーペイント，緩衝材など。

c. 探索系：生活空間にあるものや場を探し，見つけたり試したりして認知する。場所を見つけて隠れる，ものを入れたり出したりするなど，保育の場や

もの系の遊び：なにかなと風船に触ろうとする　0歳児

感触系の遊び：小麦粉の感触を楽しむ　2歳児

散歩の空間などでのものや場の探索。a〜gの遊びの中に多様に見受けられる。

d. 操作系：出す・入れる，引っぱる，やぶる，ちぎる，まるめる，切るなど，手・指などでものを変化させる操作の遊び。紙，粘土など可塑性の高い素材が適当である。

e. 移し替え系：主として両手の操作で，ものの移動や量の移動に気付く。発達や経験とともにものがいっぱい入っている容器側から，移し替える空の容器のほうへ視線が変化し，満杯になると止めるようになる。水，大量の小さな雑材，どんぐりなどを容器に入れ，他方の容器に移すことを繰り返す。

f. 構成系：画用紙や模造紙などの表現空間にシールを貼ったりスタンピングをしたりする中であらわれる，並べる，囲うなどの配列や形の出現，積み木や同じ形の空き容器を畳の縁に沿って置いていくことで結果的に偶然並び，その行為を続けることで並べる遊びになったりする。次第に意図的に，並べる，囲う，積むなど，配列や構成的な活動になる。積み木，シール，ボトルキャップなど，身近な素材で同じ形状のものや空き容器を大量に使用した遊び。

g. スクリブル系：描く，塗るなど平面空間にかかわる活動。なぐりがき，錯画ともいう。パス，フエルトペ

操作系の遊び：新聞紙をやぶる　1歳児

構成系の遊び：シール貼り　2歳児

スクリブル系の遊び：
なぐりがき　1歳児

ン，絵の具等を使用。筆，スポンジ筆などで描いたり，塗ったりする。

　h. **意味系**：意味づけ，見立て，つもり，ごっこなど，象徴機能を発揮するイメージへつながる活動。a ～ g のタイプにあらわれる。a ～ g で使用する多様な素材。

（3）乳児の造形と保育者の援助
1）「もの・ひと・ば」が遊びのカギ
　造形的な活動内容の保育のマネジメントや援助では，「もの」「ひと」「ば」を大切にしたい。0，1，2歳児にとって彼らを取り巻く環境にある「もの」は，初めての出会いであることが多い。可塑性が高く，口に入れても安全な乳児にふさわしい素材を日々研究し，多様なものと出会う機会をつくりたい。「ひと」とは，保育者，友達などで，保育者の受容・応答・見守りなどのかかわりを通じて，安心して造形活動を楽しむことができる。乳児の造形行為は他児の模倣による拡散も多く，遊びの場を共有することで，コミュニケーションへもつながる。「ば」の構成は，造形活動の質を変える大きな要素にもなる。
2）乳児の造形行為をみる目をもつ
　乳児の造形を理解するためには，乳児の発達を押さえるとともに，子どもの日常の姿をよく観察することが大切である。引き出しからタオルを引っ張り出す，棚の隙間にものをわざと落とすなど，日々の暮らしの中の遊びが，実は造形行為の芽であり，保育者はそれらをとらえて「もの」と「ば」を考える。引っ張ることが好きなら引っ張れるものを保育室に準備する，穴のあいたペットボトルとボトルキャップを大量に準備しよう。一人ひとりの顔と遊びをイメージして「もの」と「ば」を準備するとよい。活動の予測と素材の研究が重要である。
3）子どもに寄り添う
　造形活動のプロセスでは，子どもの行為に言葉を添えて共に遊ぶ，遊びが見つからない子とは一緒に遊ぶ，主体的に遊び続ける子どもには受容の視線を送って見守るなど，子どもの状況によって変わる。乳児の造形では楽しいだけでなく，試す姿や，考え決断する瞬間，つまずいたり乗り越えたりする過程をここで経験し，一人ひとりの学びにつながる魅力的な活動だということを再認識して，造形する子どもに寄り添いたい。

6. 乳児のリトミック

(1) リトミックとは

　リトミックとは，スイスの作曲家，エミール・ジャック＝ダルクローズ（Jaques-Dalcroze, É. 1865-1950）によって考え出された音楽教育法である。音やリズムに合わせてからだを動かすことにより，心とからだの調和を図りながら，音感・リズム感・運動能力など，あらゆる能力を高めていこうとする教育法である。

　乳児のリトミックは，保育の中のさまざまなシーンで行うことが可能である。例えば，「いないいないばあ」や，ふれあい遊びもリトミックの1つであり，日々の保育の中で，保育者自身も楽しんで行いたい。

(2) リトミックの目的

　リトミックの目的は，自己肯定感を高め，「生きる力の基礎」を育てることにある。心身のリズム運動によって，精神と肉体との調和を助成し，感性を錬磨し，想像力を覚まし，発達させ，それを実現させる能力を高めていこうとするものである。また，人格を形成する3要素，心（マインド），力（パワー），性質（善・温厚など）を養うこととして整理する見方もある。

(3) 乳幼児期の発達

　図6-1のスキャモンの発育曲線を見ると，神経型は，生まれてから2歳頃までに成人の50％の成長，4, 5歳頃までに成人の80％の成長を遂げる。神経型とは「脳，脊髄視覚器，頭径」の発達，すなわち，からだを器用に動かすことであり，リズム感につながるものである。乳幼児期は，運動

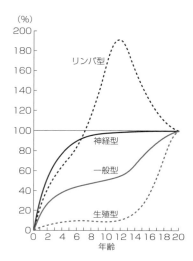

図6-1　スキャモンの発育曲線

能力に関係する発達が著しい時期であり、この時期に多くの刺激を与え、多種多様な動きを経験することが大切となる。つまり乳児期のリトミックは、成長・発達が著しい乳幼児期から実施することで、その効果が期待されるものである。

(4) リトミックを行う環境

リトミックでは、歩いたり、走ったり、転がったり、ジャンプをしたりとからだを動かすことが多い。子ども同士でぶつかったり、机やいすにぶつかったりしないように、広いスペースを確保する必要がある。ただし、それが不可能な場合には、小さなグループに分けて行う方法も考えられる。

(5) リトミックの風景
1)「いないいないばあ」

8か月頃になると、目の前にあったものが見えなくなっても、そのものは存在し続けるということを理解するようになる(「ものの永続性」の獲得)。この頃の遊びとしてよくみられるのが「いないいないばあ」である。リトミックの中でも「いないいないばあ」はよく行われる遊びであり、ねらいと内容を以下のように考えることができる。

ねらい　・予測する力や想像力を育む。
　　　　・期待感や不安感等の感情を味わう。
内　容　① 保育者が「いないいない」と両手で顔を隠し、「ばあ」と顔を出す。顔を出すときに、保育者はさまざまな表情をして楽しめるようにする。
　　　　② 保育者がスカーフの中に顔を隠し、子どもがスカーフを引っ張る。
　　　　③ 子どもがスカーフの中に隠れて、「ばあ」で顔を出す。
配　慮　・スカーフにシフォン布を活用すると、子どもにとっては隠れている気分が味わえると同時に、内側から外が見える安心感がある。保育者は、子どもがスカーフを踏んで転倒しないように注意する必要がある。

子ども同士で、ばあー

2)「○○ちゃん」「はあい」

1歳を過ぎると自分の名前に反応し、やがて、名前を呼ばれて手を上げる姿がみられるようになる。名前が自分のものであることに気付き、他者とは異なる自分が存在するという自己認識の始まりの時期といえる。1対1のやりとりの中だけでなく、他児の前で名前を呼ぶ遊びも積極的に行っていきたい。

ねらい　・社会性を育む。自己と他者を区別する。
　　　　・記憶力を育む。
内　容　・リズムに合わせて、保育者が子どもの名前を呼ぶ。続けて子どもがリズムに合わせ、手を上げて返事をする。強弱やテンポを変化させるなどして、楽しめるようにする。

3)「どうぞ」「ありがとう」

2歳頃になると、玩具の取り合いでいざこざが多くなる。遊びの中で、ほかの子どもとのかかわり方を少しずつ伝えることも、保育者の大切な役割となる。

ねらい　・保育者や友達とやりとりを楽しみ、社会性を育む。
内　容　①　リズムに合わせ、保育者や友達からソフトクッションをもらう。
　　　　②　リズムに合わせ、保育者や友達にソフトクッションを渡す。
配　慮　・この活動は、ソフトクッション以外の活用も可能であるが、大きさと柔らかさに配慮して素材を選択する必要がある。

事例6-1　2歳クラスより

　保育室で好きな玩具で遊んでいたA児。B児が使っている玩具がほしくなり、「かして」と言ってみたが、「イヤ！」と断られてしまう。A児はそれでも玩具を無理やり取ろうとして、けんかになってしまう。

　数日後、同じようなことが起こった。その日は、リトミックで「どうぞ」「ありがとう」を行った日であった。A児がB児に「かして」と伝えると、B児は「どうぞ」と玩具を差し出してくれた。A児は自分からリズムに合わせて「ありがとう」と頭をさげることができた。保育者が仲立ちしなくても、自然に2歳児同士でやりとりが行われた。まさに、社会性の成長がみられた瞬間であった。

4）水族館に行こう

　2歳クラスになると，想像力も豊かになって，さまざまな音を組み合わせてのリトミックも楽しめるようになる。次に示すものは，水族館に行くことをイメージして行うリトミックである。イメージがわきやすいように，パペットやペープサートなどを用いて進めてもよい。

サメが近づいてきた〜

ねらい　・音楽を聞き即時に反応する。
　　　　・想像力を育み，表現する楽しさを味わう。

内　容　① バスに乗って出発。ハンドルを持ったイメージで，4分音符の音楽に合わせて歩く。音が止まるとストップする（楽譜2）。
　　　　② 水族館に到着。
　　　　③ 魚が泳いでいるよ。8分音符の音楽に合わせて，魚を表現して泳ぐ（楽譜3）。
　　　　④ サメが近づいてきた！　低い音の2分音符の音楽が聞こえると小さくなって隠れる（楽譜4）。
　　　　⑤ イルカがジャンプしているよ！　音楽に合わせて「1, 2, ジャンプ〜」と高くジャンプする（楽譜5）。
　　　　⑥ ③〜⑤の音を聞き，それぞれの表現を楽しむ。

第 7 章
子どもの健康・安全・防災

1. 子どもの健康・安全

　乳児期の子どもは，心身ともに発育途上にあるため，すべての機能が未熟で，病気に対する抵抗力も弱く，ウイルスや細菌などの感染を受けやすく，事故や災害による健康被害を最も受けやすい。保育者は，子どもの健康・安全に必要な知識，技術をもって日々の保育を実践し，幼い命を守り，健やかな育ちを保持・増進する責務がある。

(1) 乳幼児の健康

　集団生活の場である保育所の健康および安全の管理は，一人ひとりの子どもの発育，発達状態を把握し，保護者と十分な連携の上，日々の健康観察を行うことが重要である。また，子どもの心身の異常や疾病，事故災害について常に予防的な視点に立ち，異常を早期に発見し，適切な対応を行うことが求められている。

1) 子どもの健康状態の把握

　a.「おやっ！　いつもと違う」は子どもからのサイン：乳児は，自分で身体の不調を訴えることができない。1日の保育に入る前の登所時の観察は，特に重要である。子どもの様子で，元気がなく顔色が悪い，保護者から離れず機嫌が悪い，笑わないなどの様子がみられたら，保護者から家庭での様子や体調について直接聞き取り確認していく。食欲がない，吐く，便がゆるい，睡眠中に泣いて目が覚めた，などの様子が聞かれたときは，何らかの不調のサインとしてとらえ，保育中の子どもの様子を，注意深く観察し，状況に応じて対応し

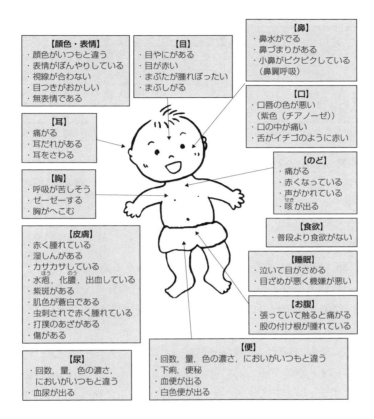

図 7-1　子どもの症状を見るポイント
[厚生労働省（2018）保育所における感染症対策ガイドライン（2018年改訂版）より抜粋]

ていく（図7-1）。

　b．感染症が疑われたときの対応：感染症とは，細菌やウイルスが口などから体内に侵入し増殖することにより，発熱，咳，発疹，嘔吐，下痢などの症状が出る病気のことである。感染症が疑われたときには，ほかの子どもから隔離し，そのほかに症状がないか確認していく。また，時間の経過とともに症状に変化がないか観察するとともに，必要に応じて記録しておくことが望まれる。保育所は集団生活の場であるため，クラスや兄弟姉妹などにも感染症の症状がみられないか，この時点で確認していく。

132　第 7 章　子どもの健康・安全・防災

表 7-1　バイタルサインの正常値

	乳児（1 歳未満）	幼児（1 ～ 5 歳）	大人
体温	36.8 ～ 37.3℃	36.6 ～ 37.0℃	36.0 ～ 37.0℃
呼吸	30 ～ 40/分	20 ～ 30/分	16 ～ 20/分
脈拍	120 ～ 130/分	100 ～ 110/分	60 ～ 80/分
血圧（高／低）	90/60 mmHg	100/65 mmHg	120/80 mmHg

［家庭的保育研究会編（2017）家庭的保育の基本と実践〔第 3 版〕，福村出版，p.55 を一部改変］

　　c．早期発見のためのバイタルサイン：乳幼児の体調の変化や身体症状の異状の早期発見のためには，**バイタルサイン**（体温，呼吸，脈拍）の測定は欠かせない。子どもに最も多い症状は発熱であり，その子どもの平熱を知っておくことは，体調を把握する上で重要である（表 7-1）。

2）子どもによくみられる症状と看護

　　a．発　熱：**発熱**は，病気や身体の不調を知らせる重要なサインである。体内に侵入した細菌やウイルスの増殖を抑え，免疫の働きを高める作用がある。解熱剤は，医師の指示以外は使用しないことが基本である。

① 観察のポイント

　発熱以外に発疹，嘔吐，下痢などがないか確認する。熱の高さと病気の重さは必ずしも一致しないため，39℃以下で食欲があり，水分もとれ，元気な場合は様子をみてもよいこともある。ただし，医師の指示に従うことが肝要である。

② ケアの方法

　発熱すると，発汗などにより脱水症状に陥りやすいため，普段より多めに水分補給を行う。冷たい水を一度に多量に与えると嘔吐を誘発しやすいので，室温程度の水や経口補水液を，少量ずつ与えるようにする。子どもが嫌がらなければ氷枕などの使用もよいが，乳児は低体温に注意する必要がある。

③ 保育中の対応

　保護者が迎えにくるまでの間は，安静にして，水分補給を促すようにする。また，汗をかいたときにはよく拭き，着替えさせるなどの対応を行う（表 7-2）。

　　b．下　痢：下痢の原因としては，感染性胃腸炎が多い。夏は，食中毒や夏かぜ（腸管のウイルス），冬はロタウイルスやノロウイルスの流行が多い。なお，腸管のウイルスは，長い場合は 1 か月以上便から排出されることもあるため，

1. 子どもの健康・安全　　*133*

表7-2　発熱時の保育中の対応について

保護者への連絡が望ましい場合	至急受診が必要と考える場合
○ 38℃以上の発熱があり， ・元気がなく機嫌が悪いとき ・咳で眠れず目覚めるとき ・排尿回数がいつもより減っているとき ・食欲なく水分がとれないとき ※熱性けいれんの既往児が 37.5℃以上の発熱があるときは医師の指示に従う。	○ 38℃以上の発熱の有無にかかわらず， ・顔色が悪く苦しそうなとき ・小鼻がピクピクして呼吸が速いとき ・意識がはっきりしないとき ・頻回な嘔吐や下痢があるとき ・不機嫌でぐったりしているとき ・けいれんが起きたとき ○ 3か月未満児で 38℃以上の発熱があるとき

［厚生労働省（2018）保育所における感染症対策ガイドライン（2018 年改訂版）より一部抜粋］

便の処理や，水遊びにおける対応などは，慎重に行う。下痢症状が出た場合は，食中毒も念頭に対応する。

① 観察のポイント

血液や粘液が混じっていないか，白っぽい便，水様便など，下痢便の性状を確認する。そのほか，食欲の有無や，嘔吐や腹痛，発熱，発疹等を伴っていないか確認するようにする。

② ケアの方法

下痢で水分が失われるため，水分補給を十分行うが，少量ずつ頻回に与えるようにする。食事の量は少なめにし，胃腸を休めるために固形物よりも消化のよい食事にする。

③ 保育中の対応

お尻がただれやすいので，頻回に清拭する必要がある。沐浴槽でのシャワーは避け，処理者は必ず使い捨てのゴム手袋をする。おむつ交換は決められた場所で行い，汚れたものはビニール袋に入れて処理する。処理後，保育者の手洗いの徹底も忘れてはならない（表7-3）。

c. 嘔 吐：嘔吐は，胃腸炎など消化管の病気に伴うことが多い。夏かぜ，インフルエンザ，髄膜炎，脳症，頭部打撲などでも起こることがある。また，異物の誤飲・誤嚥により咳き込み，反射的に吐くこともある。嘔吐に伴い発熱や下痢などの症状がないか観察する。

周りに嘔吐，下痢など消化器症状を発症した人がいる場合は，食中毒や感染

134 第7章 子どもの健康・安全・防災

表7-3 下痢のときの保育中の対応について

保護者への連絡が望ましい場合	至急受診が必要と考える場合
○食事や水分をとるとその刺激で下痢をするとき ○腹痛を伴う下痢があるとき ○水様便が複数回みられるとき	○元気がなく，ぐったりしているとき ○下痢のほかに，機嫌が悪い，食欲がない，発熱がある，嘔吐する，腹痛があるなどの諸症状がみられるとき ○脱水症状がみられるとき（以下の症状に注意すること） 　・下痢と一緒に嘔吐 　・水分がとれない 　・唇や舌が乾いている 　・尿が半日以上出ない 　・尿の量が少なく，色が濃い 　・けいれんを起こす 　・米のとぎ汁のような白色水様便が出る 　・血液や粘液，黒っぽい便が出る

［厚生労働省（2018）保育所における感染症対策ガイドライン（2018年改訂版）より一部抜粋］

症を考慮して，速やかに，かつ確実に，吐物の消毒等の処理を行う。

① 観察のポイント

　嘔吐がみられた場合は，次のポイントをもとに観察，確認する。

　・吐いた回数，頭を打っていないか，腹痛や頭痛はないか，機嫌はどうか

　・嘔吐以外の症状（食欲，発熱，下痢，腹痛，発疹など）はないか

　・嘔吐前の飲食の状況を具体的に確認する（食中毒の原因，感染源を知る）

② ケアの方法

　吐き気，嘔吐があるときは，2～3時間は飲食を控え，少量ずつ水分補給（湯冷まし，お茶，子ども用イオン飲料）を行う。うがいのできる子どもにはうがいをさせ，嘔物を除く。何をきっかけに吐いたのか確認することも必要である。異物の誤飲・誤嚥なども考慮して確認し，顔を横向きにして寝かせるなど，気管内に吐物が入らないようにする。食事は固形物を避け，胃を休めるようにする。

③ 保育中の対応

　感染症が疑われる場合には，応援の職員を呼び，ほかの子どもを別室に移動させる。感染予防のため嘔吐物を覆い，静かに拭き取り，嘔吐した場所の消毒を行う。処理に使用した手袋やマスクなどはビニール袋に入れて密封し，廃棄

1. 子どもの健康・安全　　*135*

表7-4　嘔吐のときの保育中の対応について

保護者への連絡が望ましい場合	至急受診が必要と考える場合
○複数回の嘔吐があり，水を飲んでも吐くとき ○元気がなく機嫌，顔色が悪いとき ○吐き気がとまらないとき ○腹痛を伴う嘔吐があるとき ○下痢を伴う嘔吐があるとき	○嘔吐の回数が多く，顔色が悪いとき ○元気がなく，ぐったりしているとき ○血液やコーヒーのかすのようなものを吐いたとき ○嘔吐のほかに，複数回の下痢，血液の混じった便，発熱，腹痛等の諸症状がみられるとき ○脱水症状と思われるとき ※頭を打った後に嘔吐したり，意識がぼんやりしたりしているときは，横向きに寝かせて救急車を要請し，その場から動かさない。

[厚生労働省（2018）保育所における感染症対策ガイドライン（2018年改訂版）より一部抜粋]

する。保育者は，処理後の手洗い，着替えを徹底することも忘れてはならない。また，汚れた子どもの衣類は，二重のビニール袋に密封して家庭に返却するとともに，保護者に消毒方法を伝えることも必要となる（表7-4）。

　d. 咳：突然の激しい咳き込みは，異物誤嚥の疑いもある。呼吸困難があれば「異物の除去」等を行う。救急処置の職員研修を実施するなど，日頃から対応できるようにしておく。

① 観察のポイント

　呼吸が苦しいときには，ゼーゼー，ヒューヒューなどの喘鳴がみられたり，走ったり，動いたりするだけでも咳き込むこともある。痰の有無や，咳のよく出る時間帯（起床時，日中，夜間など）を確認しておく。

② ケアの方法

　機嫌がよければ心配ないが，呼吸困難があれば受診する必要がある。喘息発作に飲水，深呼吸，服薬，吸入などを行っても改善しない場合や，チアノーゼがあるとき，息苦しく顔色が悪いときは，至急受診する。

　e. 発疹：発疹は，細菌やウイルスが原因の病気に伴うことが多い。食物などのアレルギー症状や薬の副反応の場合もある。注意して経過観察する必要がある。

136 第7章 子どもの健康・安全・防災

表7-5 発疹のときの保育中の対応について

保護者に連絡し，受診が必要と考えられる場合

○発疹が時間とともに増えたとき
　発疹の状況から，以下の感染症の可能性を念頭におき，対応すること。
　　・かぜのような症状を伴う発熱後，いったん熱がやや下がった後に再度発熱し，赤い発疹が全身に広がった（麻疹）
　　・微熱程度の熱が出た後に，手の平，足の裏，口の中に水疱が出た（手足口病）
　　・38℃以上の熱が3〜4日続き下がった後，全身に赤い発疹が出た（突発性発疹）
　　・発熱と同時に発疹が出た（風疹，溶連菌感染症）
　　・微熱と同時に両頬にりんごのような紅斑が出た（伝染性紅斑）
　　・水疱上の発疹が出た（水痘）

※食物摂取後に発疹が出現し，その後腹痛や嘔吐などの消化器症状や，息苦しさなどの呼吸器症状が出現してきた場合は，食物アレルギーによるアナフィラキシーの可能性があり，至急受診が必要。

[厚生労働省（2018）保育所における感染症対策ガイドライン（2018年改訂版）より一部抜粋]

① 観察のポイント

　感染症の可能性を念頭におき，周囲に同じ症状の人がいないか確認する。また，食物や薬，予防接種の副反応ではないか，状況を確認する。時間とともに増加しているか，出ている場所はどこか（からだ全体，部分的，特定の部位），発疹の形（水疱，紅斑など），かゆがるか，痛がるか，ほかの症状（熱，咳，下痢など）はないかについて観察する。

② ケアの方法

　体温が高くなったり，汗をかいたりするとかゆみが増すので，室温や寝具に配慮する。口の中に発疹があるときには，食欲が減退することもあるため，水分の多いものやプリン，ゼリーなど，のどごしのよいものを与えるとよい。

③ 保育中の対応

　万一，急速に発疹が拡大し，呼吸困難や目の充血などを伴う場合は，アナフィラキシーを疑い，緊急対応する必要がある。

　発熱を伴うときや，複数の子どもに類似の発疹がみられるときには，別室で保育する。表7-5の場合は，保護者に連絡し，医療機関への受診をすすめる。

3）医師の診断や登所許可が必要な疾患

　感染症によっては，登所にあたり医師の診断や登所許可が必要なものもある

1. 子どもの健康・安全　*137*

表7-6　医師の診断や登所許可が必要な感染症：
学校保健安全法に準じた登園停止期間

感染症名	登園のめやす
麻疹（はしか）	解熱後3日を経過していること
インフルエンザ	発症後5日を経過し，乳幼児は解熱した後3日を経過していること
風疹	発疹が消失していること
水痘（水ぼうそう）	すべての発疹が，痂皮（かさぶた）化していること
流行性耳下腺炎（おたふくかぜ）	耳下腺，顎下腺，舌下腺の腫脹が発現してから5日が経過し，かつ，全身状態が良好なこと
結核	医師により感染のおそれがないと認められること
咽頭結膜熱	主な症状が消え2日経過していること
流行性角結膜炎	感染力が非常に強いため結膜炎の症状が消失していること
百日咳	特有の咳が消失していること。または5日間適正な抗菌性物質製剤の治療が終了していること
腸管出血性大腸菌感染症（O157）	症状が治まり，かつ，抗菌薬による治療が終了し，48時間をあけて連続2回の検便によって，いずれも菌陰性が確認されること
結膜炎	急性出血性の場合，医師により感染のおそれがないと認められること
髄膜炎	髄膜炎菌性の場合は，医師により感染のおそれがないと認められること

表7-7　医師の診断を受け，保護者が届け出て登園可能な感染症

病　名	登園のめやす
溶連菌感染症	抗菌薬内服後24～48時間経過していること
肺炎	特にマイコプラズマ肺炎は，激しい咳が治まっていること
手足口病	発熱や口腔内に水疱・潰瘍の影響がなく普段の食事がとれること
伝染性紅斑	全身状態がよいこと
ウイルス性胃腸炎	「ノロ，ロタ等」。嘔吐，下痢等の症状が治まり，普段の食事がとれること
ヘルパンギーナ	発熱や口腔内の水疱・潰瘍の影響がなく，普段の食事がとれること
RSウイルス感染	呼吸器症状が消失し，全身状態がよいこと
帯状疱疹	すべての発疹が痂皮（かさぶた）化していること
突発性発疹	解熱し機嫌がよく全身状態がよいこと

（表7-6，7-7）。保育所は，乳幼児が長時間にわたり集団で生活するところであり，周囲への感染を防止することが必要である。感染症が発生したら，発生状況を各家庭にも周知する。

4）乳幼児突然死症候群（SIDS）とその対応

a．乳幼児突然死症候群（SIDS：sudden infant death syndrome）とは： 何の予兆や既往歴もないまま，乳幼児が死に至る原因のわからない病気で，窒息などの事故とは異なるものである。SIDSは，生後1～6か月の乳児に最も多く発症し，毎年，乳児7,000人に1人ほどの確率で起きている。表7-8のように，0歳児死亡順位の第4位を占め，保育施設におけるSIDSによる死亡は，預かり初期に多いことが指摘される。また日本では，1～2歳児における突然死の頻度が欧米より高く，0，1歳児以上であっても，睡眠時に十分な注意が必要である。乳児は新たな環境への順応能力が未熟であるため，大人以上にストレスによる心身への負担は大きく，SIDS発症の要因ともなる。子どもの命を守るために，保育者は，専門職として細心の注意を払わなければならない。

b．SIDS予防のための睡眠中の留意点： SIDSの原因が解明されなければ根本的な予防は難しいが，育児環境により，その発生リスクが高くなることが明らかになっている。保育所では以下に配慮しつつ体制を整えていく。

表7-8　乳幼児期の死因順位

（死亡数・死亡率（人口10万対））

	第1位	第2位	第3位	第4位	第5位
0歳	先天奇形，変形及び染色体異常 637人（67.3）	周産期に特異的な呼吸障害等 235人（24.8）	不慮の事故 81人（8.6）	乳幼児突然死症候群 70人（7.4）	胎児及び新生児の出血障害等 64人（6.8）
1～4歳	先天奇形，変形及び染色体異常 177人（4.6）	不慮の事故 69人（1.8）	悪性新生物 60人（1.5）	心疾患 33人（0.8）	肺炎 21人（0.5）
5～9歳	悪性新生物 75人（1.4）	不慮の事故 61人（1.2）	先天奇形，変形及び染色体異常 51人（1.0）	心疾患 15人（0.3）	その他の新生物 12人（0.2）

［厚生労働省（2017）平成29年人口動態統計より］

・うつ伏せ寝は避け，睡眠中にうつ伏せになっているときは仰向けにする。
・保育室は，顔色や皮膚の色などがしっかり観察できる明るさを保つ。午睡中のカーテンは，直射日光を防ぐレースのカーテン程度でよい。
・睡眠中の呼吸状態を5分ごとに観察し，記録表に記入する。
・異常を発見した場合は，直ちに心肺蘇生法を実施する。そのため，心肺蘇生法を全職員が習得し，共通理解しておく。

SIDS の発生時に問題になることは，SIDS に対してどのような体制で子どもの保育を行っていたかである。そのため，保育所における SIDS に対する対応について明確にし，確実な実施が，記録により明らかにされることが望ましい。そのほかにも，窒息による死亡を防ぐため，子どもの寝ている周囲には，タオルなど顔にかかるものは置かないことも，ここに付記しておく。

（2）乳幼児の安全—乳児に多い事故

　子どもは，日々驚くほどのスピードで成長・発達している。0歳から2，3歳と外界への関心が強くなるとともに，探索活動も活発になる。頼もしい反面，事故による危険も高まり，目が離せない。昨日まで届かなかったテーブルに手が届き，段差を降りようとして転倒したりすることは日常茶飯事といえる。表7-8に示したように，不慮の事故は，1歳以降で第2位の死亡原因となっている。子どもの事故の特徴をふまえ，事故防止の具体的な対策を行うことは，保育において最重要課題である。

1）誤飲・誤嚥と窒息

　乳児期の誤飲・誤嚥事故は，6か月から1歳くらいまでが最も多い。誤飲・誤嚥により食物や玩具などが気道に詰まると，死亡につながることがある。

　食べ物によるものは，餅，団子，こんにゃくゼリー，グミ，ブドウ，リンゴ片，ミニトマト，あめ玉，肉片，ちくわ，ピーナッツ，パン類などがあげられる。玩具では，風船，スーパーボールなどにも注意する必要がある。そのほか，タバコや薬品，化粧品，鮮度保持剤，乾燥剤，洗浄剤，文具，ボタン電池など，多種多様な誤飲の報告がある。特にタバコは，1本分で子どもの致死量に達するため，少量でも医療機関を受診する。ボタン電池は，消化管の粘膜に停留すると30分間であっても粘膜に潰瘍をつくり，消化管の壁に穿孔を起こす。

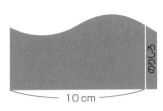

図7-2　誤飲防止用チェッカー

　予防のためには，誤飲しては困るようなもの，子どもの口に入る大きさのものは，手の届かない高さにおく，子どもでは開かない箱や引き出しに入れるなどの注意が必要である。図7-2の誤飲防止用チェッカーを活用し，子どもの口に入れられるものを日々確認することも有用である。

2) 溺死・溺水

　ハイハイができるようになると，身体能力や知的好奇心も活発になり，自由に移動できるため，浴槽やプールなどでの溺死・溺水にも注意する必要がある。それ以外にも，小さな子どもでは，バケツ，ビニールプール，洗濯機などでも溺れることがある。鼻と口を覆うだけの水があれば溺れることがあると認識し，子どもの環境に注意する必要がある。

3) 転倒・転落

　乳幼児は，からだ全体に対して頭が大きく重いため，バランスを崩しやすい。また，子どもの視野は大人に比べて狭く，平衡感覚が未発達であることから，大人より転倒しやすいと考えられる。ベビーベッド，クーハン（新生児用のかご），ハイチェアなどからの転落や階段からの転落，ベビーカーやショッピングカート，自転車からの転落もみられる。

　乳幼児を抱いた保育者は，足元に十分注意を払う，ベッドの柵を下げたままにしない，ベビーカーやハイチェアなどのベルトは必ず締める，などの注意とともに，保育環境も見直す必要がある。ベランダや窓のそばには台を置かない，窓に転落防止の柵を付ける，高い場所に子どもが近づけないよう工夫する，なども必要となる。さらに，滑り台などの固定遊具で遊ぶときには，保育者が傍に付き添うとともに，固定遊具での遊び方を伝えていくなど，子どもへの安全教育も大切な役割となる。

（3）安全管理とヒヤリ・ハット

1）保育所における安全管理の必要性

a．子どもの発達と事故：子どもの事故は，発達と密接な関係がある。図7-3を見てみよう。例えば，生後6か月頃から寝返りやハイハイなど，移動しながら探索活動ができるようになる。興味のあるものに手を伸ばし，口に入れて確かめようとするため，小物やタバコの誤飲，火傷の発生リスクが高まる。また，転倒や転落，溺水などにも注意が必要になってくる。保育者は，このような子どもの発達過程をよく理解し，事故防止の対策に努めなければならない。

b．安全管理の必要性：近年，社会や保護者の子どもの安全に対する意識が高まってきた。子ども・子育て支援新制度においても，保育所などのすべての事業者は，事故の発生や再発を予防するために，発生時の様子，発生状況，発生後の対応について，所管の市町村，都道府県に報告することとされた。

家庭においてはほとんど問題にならない事故であっても，保育所で発生した事故は，管理上の責任が伴う。保育所は，0歳から就学する前までの幅広い年齢の子どもが同時に利用する施設であり，特に低年齢児は，危険か，安全かといった判断を自ら行うことは難しい。また，入所する子どもや家庭の状況は多様化しており，アレルギーをもつ子ども，医療的ケアを必要とする子ども，発達支援の必要な子どもなど，一人ひとりの子どもにていねいに対応しつつ，集団生活の中で，子どもの自由な運動や活発な探索活動を保障していかなければならない。子どもの好奇心や興味がどこに向いているか予測し，安全な環境を整え，対応を講じていくことが保育者には求められる。

子どもの事故発生と母親の考えに関する研究から，大人が「事故に注意している」ことは事故発生と関連しないこと，および，よく整理・整頓されている家庭では事故が少ないことが明らかにされている。このことから，保育者が事故に注意すればそれで事故が減るかは疑わしく，むしろ，施設内の危険箇所に気付き，整理・整頓したり，危険防止のための環境を構成したりすることが有効であると考えられる。

保育者は，保育環境の中で危険と思われることに気付いたら，すぐに対応するリスクセンスをみがくことが必要となる。また，事故防止のための保育者の行動特性として，表7-9のようなことが指摘されている。

第7章 子どもの健康・安全・防災

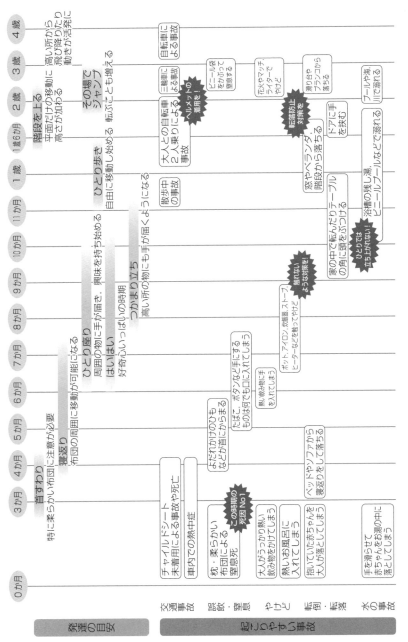

図7-3 子どもの発達と事故例（始まる時期）

[山中龍宏（2012）生活情報クローズアップ 子どもの発達と起こりやすい事故．国民生活 2012年10月号より抜粋]

表7-9 事故防止のための行動特性（コンピテンシー）

①職員，保護者と十分なコミュニケーションが取れること
②正しい保育理論，保健知識を持つこと
③規則，約束が守れること
④強い職業倫理感を持つこと
⑤事故防止，安全管理に気配りができること
⑥継続的に事故についての学習を行うこと

［田中哲郎（2016）保育士による安全保育，日本小児医事出版社］

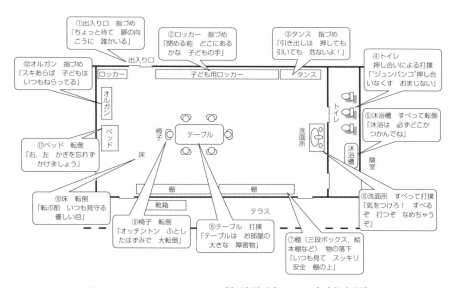

図7-4 ヒヤリ・ハット（危険防止）マップ（室内編）

［神戸市立保育所「保育研究グループ」提供］

2）安全な環境を整える—「ヒヤリ・ハット」を共有する

a. ヒヤリ・ハット報告とPDCAサイクル： ヒヤリ・ハットとは，危険な目にあいそうになって，ひやりとしたり，はっとしたりすることで，重大な事故に発展したかもしれない危険な出来事をいう。ヒヤリ・ハット事例の中にも，重大な事故につながる要因が潜んでいることが多い（図7-4）。

保育の中で事故のリスクや危険箇所を把握するためには，事故報告書やヒヤリ・ハット報告を作成し，実態を把握することが考えられる。集めた事例は，

144   第7章　子どもの健康・安全・防災

①ソフト面（マニュアル，研修，職員配置等），②ハード面（施設，設備等），③環境面（教育・保育の状況等），④人的面（担当保育者の状況），⑤その他の要因から分析し，防止のための方策を検討する（Plan）。さらにそれらを実際に実行し（Do），評価し（Check），見直しを図っていく（Action）。これらのPDCAサイクルを職員全体で実施することは，保育所における事故を未然に防ぐことに有用である。また，集めた事例をマップにして掲示しておくと，職員間での情報共有が容易となり，実際の行動につながりやすくなる。

b. 危険箇所の点検とチェックリストの活用：保育所は，日々保育環境の整備を行い，子どもが安全に遊べるよう努めなければならない。点検項目をリスト化したチェックリストをもとに，定期的に施設内の設備について点検する方法もある。問題のある箇所が発見された場合は，職員全体に周知し，情報の共有化を図り，改善を行っていく。

2. 子どもと防災

(1) 保育と防災

　2017（平成29）年の保育所保育指針の改定では，「第3章　健康及び安全」に「4　災害への備え」が新設された。まずはその内容を確認しよう。

> (1) 施設・設備等の安全確保
>   ア　防火設備，避難経路等の安全性が確保されるよう，定期的にこれらの安全点検を行うこと。
>   イ　備品，遊具等の配置，保管を適切に行い，日頃から，安全環境の整備に努めること。
> (2) 災害発生時の対応体制及び避難への備え
>   ア　火災や地震などの災害の発生に備え，緊急時の対応の具体的内容及び手順，職員の役割分担，避難訓練計画等に関するマニュアルを作成すること。
>   イ　定期的に避難訓練を実施するなど，必要な対応を図ること。
>   ウ　災害の発生時に，保護者等への連絡及び子どもの引渡しを円滑に行うため，日頃から保護者との密接な連携に努め，連絡体制や引渡し方法等について確認をしておくこと。

(3) 地域の関係機関等との連携
　　ア　市町村の支援の下に，地域の関係機関との日常的な連携を図り，必要な
　　　協力が得られるよう努めること。
　　イ　避難訓練については，地域の関係機関や保護者との連携の下に行うなど
　　　工夫すること。

　このような内容が告示されたのには２つの理由がある。その１つは，いうま
でもなく東日本大震災である。地震と津波で多くの命が奪われた。もう１つは，
震災後に災害への備えに関する研究が進んだことである。
　千葉（2012：2016）は，災害マニュアルの実態を調査した。その結果，園に
よる差が激しく，よいマニュアルを備えている園もあれば，備えていない園も
あった。「マニュアルは，不測の事態に対して想定をしていることの証」であ
るため，まず，マニュアルを作成する必要がある。その上で，マニュアルに基
づき，避難訓練や園内研修を実施することが求められる。
　では，どのようなマニュアルが必要なのだろうか。千葉（2012）は，例えば，
地震に関するマニュアルについては，「避難場所」「災害時の職員の役割」「保
護者に対する連絡方法」「避難場所への誘導方法」「災害発生中の子どもへのか
かわり方」「災害発生前の安全点検」「関係機関への連絡方法」「災害時の子ど
もの引き渡し方法」「災害時における子どもの保育」などが，記載される基本
的内容であるとしている。さらに，これらの基本的内容に加えてマニュアルに
入れるべき内容は，「連絡がつかない保護者への別の連絡方法」や「園長不在
時の園の体制」など，起こり得ることが十分考えられる事態への対応である，
としている。
　清水・千葉（2016）は，この調査のデータをさらに分析し，よいマニュアル
づくりには，情報収集が欠かせないことを見出した。ここでいう情報収集とは，
表７-10のようなサイトを見た経験のことである。これらのサイトを見た経験
がある園のほうが，経験がない園よりも，マニュアルを作成している割合が高
く，また，そのマニュアルの内容についても充実したものであることが明らか
になった。なお，これらの研究の成果が，保育所保育指針の告示文に影響を与
えたのは，いうまでもない。

表7-10　災害マニュアル作成に役立つサイト

災害等	サイト	URL
地震	気象庁の震度データベース	https://www.data.jma.go.jp/svd/eqdb/data/shindo/
津波	国土交通省の津波ハザードマップ	http://disapotal.gsi.go.jp/index.html
豪雨（土砂崩れを含む）	国土交通省の土砂災害ハザードマップ	http://disapotal.gsi.go.jp/index.html
洪水	国土交通省の洪水ハザードマップ	http://disapotal.gsi.go.jp/index.html
急な大雨・雷・竜巻	気象庁の防災啓発ビデオ	http://www.jma.go.jp/jma/kishou/books/cb_saigai_dvd/
総務省消防庁	e-カレッジ 防災・危機管理	http://open.fdma.go.jp/e-college/

発信者	サイト・資料等	URL
文部科学省	学校防災マニュアル作成の手引	http://www.mext.go.jp/a_menu/kenko/anzen/1323513.htm
各地方自治体等	防災マニュアル作成の手引きなど	例）高知県教育委員会「保育所・幼稚園等防災マニュアル作成の手引き〈地震・津波編〉」 https://www.pref.kochi.lg.jp/soshiki/311601/bousaimanyuaru.html

(2) 避難訓練と日々の備え

　児童福祉施設の避難訓練については，消防法で義務づけられ，「児童福祉施設の設備及び運営に関する基準」第6条第2項において，少なくとも月1回は行わなければならないと規定されている。よって保育所では，毎月，火災，地震，洪水，津波，不審者の侵入等の避難訓練を行うが，1人で歩き，避難することができない乳幼児も多いため，保育者が子どもをおんぶしたり抱っこしたり，避難車を活用したりして誘導することになる。

ベビーカーと抱っこで避難訓練

1) 火災の場合

　火元は一般的には給食室と考えられるが，園舎が古い場合には漏電による出火の可能性があり，不審者による放火など，原因は複数考えられる。そのため，いろいろな火元や原因を想定して訓練することとなるが，それに伴い避難場所や避難経路も変わってくる。状況に応じた避難方法を事前に検討しておくことが必要となる。

　園内の避難経路には，日頃から大きなものは置かず，整理整頓に留意すること，転倒防止のために狭い廊下や階段ではゆっくり歩いて行動すること，などを徹底する。避難用の階段や滑り台が園舎に設置されている場合には，訓練を通して子どもも保育者も使い慣れておくようにする。

1人ずつ，あわてずに
(写真提供：むつみこども園)

　火災警報器が鳴ると大きい音に驚き，泣き出す子どももいる。その場合にも，保育者はあわてず，「びっくりしたね。先生と一緒だから大丈夫」などと落ち着いて言葉をかけ，子どもを安心させることが肝心である。

　乳児の避難には，おんぶや抱っこ，避難車，ベビーカーなどを活用するため，多くの保育者が必要となる。事前に，フリー保育者や幼児担任などの応援体制を決めておくことが望ましい。マニュアルなどを作成し，災害発生時の行動を，日頃から共有しておくことも考えられる。園舎の外に出る際には，子どもが室内やトイレなどに残っていないか，必ず確認を行い，保育者間で声をかけ合う。避難場所に到着したら速やかに人数確認を行い，子どもの安全を確認することが必要である。

2) 地震の場合

　緊急地震速報が保育室に流れる園も増えている。その場合は，揺れる前に子どもたちを守る準備ができる。大きく揺れると泣き出す子どももいるが，保育者は落ち着いて「先生のところへおいで！」など，具体的に言葉をかけて安心させながら，子どもたちの上に覆いかぶさったり，布団をかけたりして子どもの頭やからだを守る。1歳児や2歳児クラスでは，あらかじめ訓練や遊びの中

で頭を守る体勢を練習しておくとよい。「ダンゴムシになるよ」と伝えるだけで，自らを守る姿勢がとれるようになる。

揺れが収まったら，子どもの人数を確認する。朝夕などの合同保育の時間帯のときに地震が発生した際には，名簿で欠席や登降園の状態を確認する。その後，保育者は上靴をはき，足元に注意しながら保育室の安全確認を行う必要がある。窓ガラスや照明器具の破損や落下，家具の転倒などはないか確認し，避難経路の確認ができたら，戸外への避難を開始する。その際，避難車や抱っこひも，おんぶひもを適宜活用し，子どもには，帽子や園用の避難用長靴をはかせて避難するようにする。ちなみに長靴は，着脱がしやすい上に，底が厚く，危険物を踏んだときにけがをしにくい利点がある。

ダンゴムシの練習

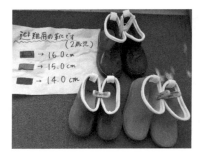

サイズごとに色分けした避難用長靴

3) 不審者対応

散歩や園外活動などで地域の人に出会う際には，積極的にあいさつをするとともに，見知らぬ人が園の様子をうかがっている場合にもあいさつを行い，日頃から不審者の侵入を意識しておく。園内に関係者以外が立ち入ろうとした際には，「何かご用でしょうか」などとたずね，こちらから確認していくことも必要となる。立ち入りの正当な理由がなく，退去しない場合には，速やかに子どもたちを不審者から遠ざけ，安全な部屋に避難させ，同時に警察に通報する。不審者が侵入してきた際に，それを職員に伝えるサインなどをあらかじめ共有しておくことも考えられる。避難した室内では，窓から離れ，外から室内が見えないようにカーテンを閉め，声を出さないように子どもたちに伝える。

不審者に対応する保育者は，不審者との距離を保ち，園外へ出るように説得する。抵抗してきた場合は，さすまたで動きを止めたり，さすまたがない場合は，いすやベンチや三輪車などを投げたり，砂を下から目に向けて投げるのも有効である。

4）津波・洪水など水害の場合

園の立地条件によっては，水害の可能性もある。和歌山市内の海の近くでは，江戸末期，地震から津波の襲来を察した庄屋が，稲束に火を放ち村人を安全な高台に導いた話は有名である。消防署の指導を受けて，日頃からライフジャケットの着装訓練を行う園もある。

ライフジャケットを着用して
（写真提供：むつみこども園）

5）日頃の備え

乳児クラスでは，園の備蓄品とは別に非常用袋を用意する（表7-11）。短時間の避難であっても，乳児が困らないようにするためである。

ひとたび災害が起こったら，マニュアルを見ながら避難することはできない。日頃から乳児用マニュアルを確認しつつ，それぞれの子どもの状況に応じた避難の方法を考えておくことが必要である。

また，災害が発生した際，子どもたちを安全に保護者に引き渡すことが必要となるが，そのためには，保護者の協力が不可欠となる。災害時には電話が通じないことも想定されるため，あらかじめ複数の連絡手段を決め，平時より利用し，慣れておく方法もある。保護者が迎えにくることが困難な場合の保護者以外の引き渡しルール（氏名，連絡先，本人確認の方法）なども，あらかじめ決めておくことが求められる。

表7-11　乳児が必要なもの（持ち出すもの）

- 緊急時の保護者連絡名簿
  （子ども引き渡し確認用）
- 紙おむつ
- おしり拭き
- 飲料水（軟水）
- 粉ミルク
- 哺乳瓶
- お菓子（赤ちゃんせんべい）
- タオル
- アルミブランケット
- おんぶひも・抱っこひも
- そのほか，園によって必要と考えられるもの

非常災害用備蓄品

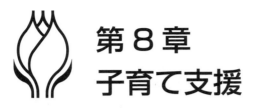

第8章
子育て支援

1. 子育て支援の必要性

(1) 就労と子育ての両立の難しさ
1) 仕事と子育ての両立支援の整備

　少子化を背景に，保育時間の長時間化や低年齢児の保育の充実，病後児保育，休日保育の展開など，仕事と子育てを支える制度が徐々に整備されてきた。また，2017（平成29）年の育児・介護休業法（正式法律名：育児休業，介護休業等育児又は家族介護を行う労働者の福祉に関する法律）の改正により，保育所に入れない場合などには，2歳まで育児休業が取得可能となり，小学校就学までは，予防接種，健康診断，けがや病気の看護などを理由とした看護休暇も柔軟に取得できるようになってきている。少しずつではあるが，仕事と子育ての両立支援策が進められ，出産後も継続して就労する女性は増加している。ただ，制度の整備が進んでいるとはいえ，やはり，働きながら子どもを育てることは大変なことである。

2) 男女の家庭生活の現状

　近年，家事や育児をする男性の増加が注目されている。では実際に，家事や育児はどのくらい行われているのだろうか。図8-1は，妻が専業主婦の家庭と共働き家庭との，仕事と家事関連時間の比較である。この図から，妻が働いているか否かによって夫の生活時間に大きな差はみられないこと，妻が就労している場合には，夫より就労時間が短いことが多く，妻は1人で家事の大半をこなしていることがうかがえる。子どもの病気によって仕事を休んだり，急な発熱等で仕事を早退したりするのはまだまだ母親に多く，社会全体の性別役割

1. 子育て支援の必要性　*151*

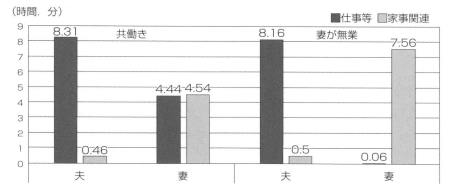

図8-1　夫婦の仕事，家事関連時間
[総務省統計局（2017）平成28年社会生活基本調査について．より筆者作成]

分業意識が是正されつつあるといっても，現実には，母親に偏ることが多い。

　従来，「3歳までは母の手で」といった**三歳児神話**がうたわれ，母親による育児が重視されてきた。現在，その考えは科学的根拠をもたないとして否定されているが，就労を継続することが子どもに対する母親の罪悪感につながりやすく，「仕事を辞める／辞めない」という選択の間で葛藤を強める母親は多い。

 コラム　保護者の子育ての喜びを大切に

　『寝返り』『立つ』などは，子どもの成長にとって大きな節目である。こうした「初めての瞬間」に立ちあえると，保護者は，子どもの成長に感動し，子育ての喜びを強く実感することになる。

　家庭より先に，園で発達の節目が見られたときには，「もうすぐですね。そろそろ見られるかも」と口頭で伝えておきたい。保護者は，保育者からの「そろそろ」という予告に期待し，関心をもって子どもと過ごす。「立つ」その瞬間を見届けた保護者は，翌朝，喜びいっぱいの表情で保育者に知らせてくれるだろう。

　就労している保護者にとっては，往々にして，わが子の成長の瞬間を見られないことが罪悪感や劣等感，残念な思いにつながる。保育者にとってみれば保育における日常場面ではあるが，こうしたかかわり方が，保護者にとって大切な子育て支援となり，就労支援にもなり得ることを忘れてはならない。

（坂本）

保育所へ入所するまでの過程や入所後の家庭生活において，自分自身の生き方や周囲のサポートに悩んでいたり，疑問をもったりしている保護者も少なくないことを十分認識しておきたい。

(2) 乳幼児を知らないまま親になる

あなたは，今までに小さい子どもを抱いたり，遊ばせたりした経験があるだろうか。おむつ替えや授乳についてはどうだろう。現代社会においては，親準備性が十分に発達しないまま子どもをもつ若者が多いとされ，「親となることの難しさ」が指摘されている。また，こうした乳幼児との接触経験の乏しさは，保護者の育児不安と関連することも指摘されている。

一方で，実際の子育て場面で遭遇する保護者の心配ごとに対し，誰かが助言を行い，その都度その心配ごとが解消する場合には，深刻な育児不安につながりにくいことも報告されている。特に第1子の子育てなど，子どもの養育に関する不安や疑問が大きくならないうちに，気軽にたずねたり相談できたりする身近な支え手が，子育て家庭にとっては非常に重要な存在であるといえる。つまり，子育ての日常を支える保育者の役割は，非常に大きいのである。

(3) 育児不安の増大

保育所では，保護者の育児不安等に対して，個別の支援を行うことが求められている。育児不安とは，「養育者が子どもの現状と将来に漠然とした恐れを抱いていたり，自分の子育て行為に自信がもてず不安感情を抱くこと」（大豆生田，2015）とされ，深刻な場合は，ノイローゼや虐待につながることもある。子育てについては，父親よりも母親のほうが，不安や負担を感じることが多い。

子育てについての知識がないために，適切なかかわり方がわからない，身近に相談や助言を求める相手がいないなどの理由から，子育ての悩みや不安を増大させる保護者もいるが，育児不安の要因はそれだけではない。子育ての前提となる夫婦関係が良好でないときや，母親の家庭外での付き合いが少なく，社会とのつながりが乏しいときなどに，母親は育児不安を強める傾向にある。よって，保育所における保護者からの相談においては，子どもや子育てのことだけに関心を向けて話をするのではなく，子どもや保護者を取り巻く家庭環境や，

社会とのつながりにも目を向けていく必要がある。

　また，子どもに障がいや発達上の課題がみられる場合には，保護者もまた子どもの育てにくさを感じていたり，悩みがあっても誰にも伝えられずに抱え込んだりすることもある。保護者の意向や思いを理解し寄り添いながら，子どもの状況を共有するとともに，場合によっては，他機関との連携を考慮に入れていく必要もある。

（4）多様な背景をもつ家庭の増加

　近年，外国にルーツをもつ家庭やひとり親家庭，貧困家庭等，特別な配慮を要する家庭が増加している。そのような家庭においては，日本語によるコミュニケーションがとりにくい，文化や慣習が異なる，育児をほかに頼ることが難しい，生活が困窮しているなど，問題も複雑である。

　子どもが乳児の頃に，地域社会に新たに参加し始める家庭も多い。保育所は，さまざまな背景をもつ家庭の子どもが入所し，共に生活するところである。子どもの健やかな育ちを実現するためにも，家庭や地域の実態をふまえ，それぞれの多様性を尊重すること，専門機関をはじめとする地域の多様な社会資源との連携を視野に入れながら，個別の支援に努めていくことが求められている。

2.　子育て支援の姿勢と保育所の特性

（1）子育て支援の姿勢

1）子どもの最善の利益を考慮し，子どもの福祉を重視すること

　保育所には，子どもの最善の利益を考慮し，その福祉を積極的に増進することが求められている。子育て支援を行う際には，子どもの利益と保護者の利益が必ずしも一致するものではないことを念頭におき，保護者支援による子どもの利益への影響について，長期的な視点も含め考慮していくことが求められる。

2）保護者とともに，子どもの成長の喜びを共有すること

　保護者にとって，子どもの成長は喜ばしいことである。保育者と子育ての喜びを共有することによって，保護者は子どもへの愛情をより深め，子育ての自信を高めていく。保育者は，その日の子どもの様子をていねいに伝えながら，

154 第8章 子育て支援

発達の節目や今後の見通しについてもふれていき，共に子どもの育ちを楽しみにしていきたい。必要に応じて具体的な子育ての方法や安全への配慮などを保護者に伝え，保護者の養育力向上につながるようなかかわりも求められる。

3) 保護者一人ひとりの背景や状況を理解すること

保護者もまた一人ひとり個性をもった存在であり，親としての役割に加え，家庭，地域，職場，親戚などとのつながりや関係性の中で，多様な役割を担っている。同じ子育て家庭といっても，それぞれが抱える状況は一様ではない。「この人はこういう人だ」などの決めつけは避けたいものである。保護者や親子のさまざまな状況を把握し，理解しようと努めることから支援は始まる。

4) 保護者を受容し，自己決定を尊重すること

子育て支援の場面では，一人ひとりの保護者を尊重し，ありのままの姿を受け止める**受容的態度**が必要となる。受容的態度とは，保護者からの不適切な要求や行動について，ただ無条件に許容するものではない。そのような行動も保護者を理解する手がかりとして考え，理解しようとする姿勢が求められる。

実際の支援においては，保護者の**自己決定**を尊重することも大切である。例えば，別の社会資源の利用が望ましいと思われる場合でも，「こうしたほうがよい」と保育者が勝手に決めつけることは避け，「こんな方法もあるし，こんな選択も考えられる」と伝えつつ，保護者のもつ力を信じて待ちたいものである。保護者自らが決定するまでの過程で生じる葛藤や不安を受け止めながら，必要に応じて情報提供するなど，保護者とともに歩む姿勢が重要となる。

5) プライバシーを保護し，秘密を保持すること

保育者は，職務上，子どもや家庭のプライバシーを知る立場にあるが，これらプライバシーや知り得た事柄の秘密保持は，対人援助職としての原則である。ただし児童虐待など，秘密保持が子どもの福祉を侵害する場合には，必要な対応のために関係機関への通告や協議が認められている。

6) 保護者の力を信じ，支えること

保護者は，子育てにおいていつも困っているわけではないし，いつも活力が枯渇し支えられる対象でいるわけではない。保護者同士の中で困っている人がみられたら，助け合う姿もあれば，園に対して何かしたいと望む人，自分たちの困りごとを解決するための社会資源を創出する保護者の姿もある。保育者は，

そうした保護者自身のもつ力を信じ，引き出し，相互理解を深めていきたい。

（2）保育所の特性を生かした支援

1）地域における最も身近な子育ての社会資源として

　保育所は，法的根拠に基づく信頼性の高い施設である。日々，乳幼児とその保護者が通う身近な社会資源でもあり，送迎時など毎日のコミュニケーションから，保護者とは「顔の見えるつながり」が前提となる。本章第5節にもあるように，保護者にとっては，日常の小さな出来事や子どもの成長などを共有してもらえる子育ての拠りどころでもあり，地域づくりの基盤にもなっていく。

2）常に「子どもの存在がそこにある」こと

　先に述べたように，保護者の中には，わが子の育ちに不安や戸惑いを覚えるものも少なくない。保育所は常に「子どもの存在がある」社会資源であり，乳幼児の姿を知らない保護者にとっては，行事や保育参加，地域開放の場面で，多様な発達過程にある子どもの姿にふれることができる。それは，保護者が自分の子どもの育ちを客観的にとらえ，発達の見通しをもつことにもつながっていく。子どもを深く理解するための視点や子どもの主体性を尊重するかかわり方にふれていくことも，保護者にとっては大きな支援となる。

3）専門性を有する職員の配置と組織的対応

　保育所には，保育者，看護師，栄養士等の専門性を有する職員が配置されている。保育者以外にも，予防接種の仕方や感染症の対応，健康管理の方法などについては看護師が，離乳食の進め方や幼児食のつくり方については栄養士や調理員の専門性が大きな力となる。保護者からすれば，離乳食調理のために，調理員がわが子の様子を見にきてくれる風景は，ありがたく，心強いものである。また保育所では，「組織」の中で保育を行っている。子育て支援の場面において，保育者1人では対応が困難な事例であっても，組織として，チームとして，多面的，有機的に問題に対応していくことが可能である。施設長，主任，担任保育士など，それぞれの立場や役割，専門性に裏づけられた経験などから子育てを見守り，支援が行われることで，保護者の安心感にもつながっていく。

4）敷居の低い生活場面での相談

　低年齢児の子育て相談として，しつけや排泄，離乳の仕方などが多くみられ

るが，それらは保護者からすれば，漠然とした疑問として感じられることが多い。子どもの1日を保護者と共有することから保護者対応は始まるが，いつの間にか子育て相談に発展していることもある。送迎時や子育て支援場面での会話は，相談に対する敷居を低くし，保護者に「ちょっと聞いてみようかな」という気持ちを抱かせる。世間話をするように保育者と子どものことを話し合い，保護者の中で問題が解決する場合もあるだろう。保護者からすればなにげないやりとりが家庭の育児を支え，保護者の養育力を高め，子どもの育ちを確かなものにしていく。また，子育てに関する相談と思われるものであっても，その背景に貧困や家庭の問題など，多様な要因が絡まり合っていることもある。状況が深刻化してからでは，対応に時間がかかり支援が難しくなることもある。必要に応じて適切な支援につなげていくことも考えていかなければならない。敷居の低い生活場面での相談は，問題に対する予防的な支援であるともいえ，保育所における子育て支援の「強み」でもある。

3. 連絡帳の書き方

（1）連絡帳とは

　子どもが園生活を送る上で，保護者との連携に欠かせないものに連絡帳がある。連絡帳は子どもが園で過ごした様子を単に記入するものというよりも，保護者が子どもの成長を実感し，子育ての悩みを保育者と共有するといった「子育て支援」の役割も果たしている。そのため連絡帳には，保育の専門職としてその時期の子どもの発達をふまえた記入が求められると同時に，保護者にとって保育者の存在が「子育てのパートナー」となり，「共に育ち合う」ものと感じられるよう寄り添う姿勢が求められる。

　園とのやりとりを記した連絡帳は，やがて，保護者にとってわが子の育児記録となり，人生における宝物として保管する家庭も多い。将来，子どもがその連絡帳を見ることによって，自分がいかに大切に育てられたかを実感することにつながる。保護者もまた，わが子が幼く，家庭と仕事の両立で大変だった時期の苦労や充実感を思い起こすと同時に，忙しくあわただしい中でも，子どもを慈しみ，育ててきたことを想起させるものとなる。

(2) 連絡帳の種類
1) 0歳児の連絡帳 (図8-2)

　乳児期は特に発達が著しく，劇的に成長していく時期である。個人差も大きいため，授乳・離乳食などの「食事」や「睡眠」「排泄」など，一人ひとりの生活面でのこまやかな記録が必要となる。毎日の様子を家庭と園とでしっかり把握できるように，24時間を視野に入れた連絡帳の書式が望ましい。前日の家庭での様子を把握することが，その日の子どもの機嫌や体調を理解することにつながる。また，園での様子を知ることによって，家庭でも帰宅後の過ご

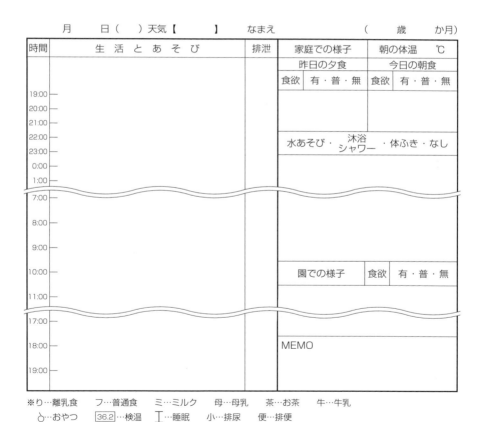

図8-2　0歳児の連絡帳の例

方に役立つ。

連絡帳の書式は，保護者が記入を負担に思わないように表や記号を使い，見やすいものにする。また園からは，乳児が目覚めている時間にどのように過ごしていたかも簡潔に記入し，身体的な発達，ものや人など周囲への関心が読み取れるように記述する。

2）1歳児の連絡帳（図8-3）

成長とともに，生活のリズムが確立する時期でもある。連絡帳の形式も簡素化し，食事・睡眠・排泄など，生命の保持に重要な部分は園と家庭共通で記入して連携を図るようにしたい。

この頃は，何でも自分でしたい気持ちが芽生え始める一方で，甘えや愛着が強まる時期でもある。日々，子どもの成長する姿を記入することが，日中子どもと離れて過ごす保護者にとって，子育ての励みとなる。

3）2歳児の連絡帳（図8-4）

2歳児では，1歳児の連絡帳と同様の形式を活用する園も多い。手づかみ食べから食具を使って食べることや，オマルやトイレへの排泄の過程がみられる。また，毎日一定時間午睡をするなど，生活が安定してくる。その反面，自我の発達によるイヤイヤ期の出現，他児とのかかわりが増えることによるトラブルなど，発達する姿を伝え合う上で，連絡帳の役割が大きくなる時期でもある。

（3）連絡帳の活用と記入

連絡帳は登園直後に確認し，担任間で共有すべきことは口頭で伝えたり，全体に見えるボードなどに記入したりして共通理解を図る。保育中の検温，おむつ交換，授乳量などは，その都度，担当した保育者がその場で記入する。子どもの様子など全体的な記入は午睡時に行うことが多い。連絡帳は公文書扱いとなるためペン書きとし，誤字脱字に気を付けて記入する。

（4）記入上の留意点

文章とは，こちらがどんなに気を付けていても読み手のとらえ方で印象が変わるものである。友達とのトラブルやけが，衣類や書類提出など保護者が忘れがちなもの，また，保育者側のうっかりミスなどは，書き方が難しい。伝達事

3. 連絡帳の書き方　　*159*

月　　日（　　　）		天気（　　　）	家庭より
朝の熱	℃		
朝　食			
睡　眠	：　　～　　：		
排　便	：　　（下痢・軟・普・硬）		
	：　　（下痢・軟・普・硬）		
入　浴	有・無　誰と入りましたか（　　　）		
昼　食	全部 食べました	おかわり しました	（　　　　　　） 残しました	園より
おやつ	全部 食べました	おかわり しました	（　　　　　　） 残しました	
睡　眠	：　　～　　：		
排　便	：　　（下痢・軟・普・硬）		
	：　　（下痢・軟・普・硬）		

図8-3　1歳児の連絡帳の例

月　　日（　　　）	天気（　　　）	朝の体温（　　　℃）
家庭より		園より
睡　眠	：　　～　　：	：　　～　　：
排　便	：　　（下痢・軟・普・硬）	：　　（下痢・軟・普・硬）
	：　　（下痢・軟・普・硬）	：　　（下痢・軟・普・硬）

図8-4　2歳児の連絡帳の例

項など，読み手によってどのようにでもとらえられる内容のものは，直接，保
護者の顔を見て話すことを原則としたい。
　連絡帳記入にあたっての留意事項を，次に整理する。

・保護者が記入した悩みや喜びなどには，共感の姿勢をもって返事を書く。
・子どもの体調面で観察すべき状態や変化（発熱や下痢，虫刺され，食欲の有無など）については，簡潔に，必ず伝える。
・難しい漢字は使用せず，読みやすくする。また，安易に絵文字は使わない。
・園での子どもの様子を具体的に記入し，その姿が想像できるようにする。保育の専門職として，発達をふまえた内容や考え方も書けるとよい。

〈連絡帳の記入例〉
例①：つかまって立つようになりましたね。園では保育室にスロープをおき，ハイハイ遊びをして，手足の力や背筋も鍛えるようにしています。
記入の意図：立ち始めたことのうれしさに共感する一方で，この時期，まだハイハイで遊ぶ大切さも伝えている。
例②：砂遊びでは，スコップで砂をすくい，手首をかえしながらお皿に移しかえていました。
記入の意図：すくうという行為と，手首をかえすという発達の様子が読み取れるようにしている。

　連絡帳以外に，状況に応じてメモを挟む方法なども考えられる。連絡帳は，ずっと残ることを念頭におき記述すること，また連絡帳に頼りすぎず，お互いに誤解や不快感が生じないように伝え合うことも大切にしていきたい。

（5）今後の連絡帳のあり方

　保護者との連携の手段として，最近では，インターネットやSNS（ソーシャルネットワークサービス）の活用が増えてきている。保育室にカメラを設置し，リアルタイムで子どもの様子を見ることができたり，連絡事項は電子メールで行ったりしている園もある。保育者の業務簡素化の観点から，連絡帳を複写式にして，子どもの記録を保育日誌として保管している園もある。

　連絡帳は，保護者と子育てについての信頼関係を強めていくという重要な役割も担うものである。時代のニーズに合わせた変化も受け入れつつ，一人ひとりの発達や状況に応じて記入される連絡帳の活用も，やはり大切にしていきたいものである。

4. 他機関との連携

(1) 保育所における早期発見とその対応

　近年，**児童虐待**の相談件数が増加し，死亡事例も多く報告されている。保育所では，日々子どもや保護者とかかわる機会が多いため，親子の抱える育児困難や生活課題に早い段階で気付いていくことが可能となる。普段の子ども，保護者の様子，家庭状況などを意識的に把握しておくことで，ちょっとした変化に気付きやすくなり，問題の早期発見につながり，早期の対応が可能になっていく。また，在宅で子育てをしている家庭に対する子育て支援を実施する園もある。3歳未満児の7〜8割は家庭で子育てしており，周囲との関係が希薄になりがちな状況にあることも少なくない。こうした観点から，保育者の気付きは重要であり，日々の子どもや保護者の姿やかかわりから，その兆候を見逃さないようにしたい。

　保育者は，自らの気付きや保護者からの相談により支援を開始することが多い。親子に対してより適切な支援を行うには，保育の専門性を発揮していくことが求められるが，「発達に遅れがあるかもしれない」「十分な食事を与えられておらず，虐待として対応すべきかもしれない」など，その課題が深刻であるほどその専門性のみの対応では難しい。保育所だけでその課題に対応しきれないと判断される場合には，地域におけるさまざまな社会資源を活用したり，適切な関係機関につないだりして，問題解決の糸口を探ることが必要となる。

(2) 主な関係機関と連携

　主な関係機関としては，市町村，要保護児童対策地域協議会，児童相談所（こども家庭センター），福祉事務所，家庭児童相談室，児童発達支援センター，保健センター（保健師），民生委員・児童委員（民生児童委員），教育委員会，学校，地域子育て支援拠点，地域型保育，ファミリーサポートセンター事業，関連NPO法人，医療機関などがあげられる。

　虐待が疑われる場合には，市町村または児童相談所への通告とともに，これらをはじめとする関係機関との連携，協働が必要となる。児童虐待防止法（正

式法律名：児童虐待の防止等に関する法律）において規定される通告義務は、保育所や保育者にも課せられており、虐待の通告は守秘義務違反に相当するものではなく、子どもの命を守るために優先して行われるべきものである。

それ以外の他機関との連携にあたっては、保護者の意向をふまえ、保護者の自己決定を尊重し、保護者が納得して解決に至ることができるようにすることが大切である。情報提供や紹介、仲介などを通して保護者が実際に関係機関につながるよう支援を行うが、場合によっては、付き添いや代弁などが必要となることもある。

どのようなときに、どのような機関につなぐのがよいか、園でマニュアルがあると心強い。どこにどのような関係機関があるのかを把握しておき、そこで働く職員と、日頃からコミュニケーションをとっておくと、制度利用の情報収集や連携・協働が容易になる。マニュアルが適切に活用されるよう職員に周知しておくことも大切である。他機関との連携を要する支援は、長期にわたって

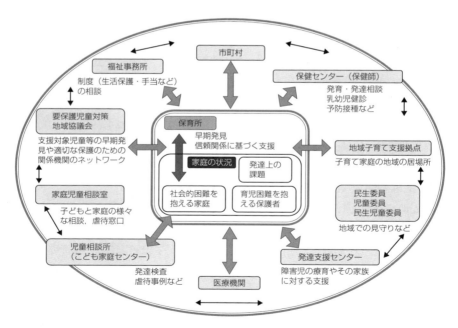

図 8-5　保育所と関係機関との連携の概念図

行われることも多いため，関係機関とともに，園全体で組織的に継続的な見守りを行っていくことも必要である（図8-5）。

5. 保育所における地域子育て支援の実際

大阪市の南部に位置するF園は，待機児童の多い地域である。そこで保育所を利用できない，または，在宅で子育てすることを選択している家庭の親子を対象とする「地域子育て支援事業」を実施している。

(1) 一時預かり保育

F園では，1999（平成11）年に一時預かり保育を開始した（表8-1）。親の就労や求職中といった利用理由が最も多かったが，実際に預かってみると，就労という理由の背景に，母親の育児疲れやストレス解消という子育ての大変さがうかがえるようになった。一時預かり保育の担当者となった若い保育者からも，親子で集う「ひろば」の必要性が話題となり，翌年，表8-1の②のような地域子育て支援の活動を実施することにした。

表8-1 「地域子育て支援事業」の10年間

	開始した年	事　業　名		備　　　考
①	1999（平成11）年	一時預かり保育		育児疲れによる利用者が多いとうかがえるようになった
②	2000（平成12）年	自主企画事業	子育て広場「わくわく」	午前：電話予約15組限定
			出前保育	午後：公園で実施，自由参加
③	2010（平成22）年	大阪市委託事業	「つどいの広場」	週5日間，1日5時間主な内容：給食体験・ブックスタート・おにぎりの会

（2）子育て広場「わくわく」

　2000（平成12）年，園の自主企画事業として子育て広場「わくわく」を開始した（表8-2）。毎週1回，午前10時から11時までの活動であったが，在宅子育て家庭の0，1，2歳児の親子を中心とした参加が多くみられた。毎回30組以上の参加があり，親子で集い，遊べる「ひろば」を求めるニーズの高さがうかがえた。

　しかし活動するにつれ，参加者の様子から個々の親子とじっくりかかわることの重要性に気付き始めた。保護者は，保育者との信頼関係がないと，自身の悩みや不安を打ち明けることができない。信頼関係をつくるには，それぞれの親子に共感の姿勢をもちつつ，少しの変化にも気付ける保育者の敏感さとていねいなかかわりが必要となる。こうしたことから，午前中は少人数での活動とし，ゆったり，じっくり取り組むことを大切に活動を行った。その一方で午後は，人数制限なしとして保育者が出向く出前保育の実施に踏み切った。

　こうした取り組みが功を奏し，午前の部では落ち着いた雰囲気の中で，ゆったり遊び，育児の悩みなども聞けるようになった。また出前保育では，地域の方とあいさつすることから口コミで出前保育の情報が伝わり，多くの親子が集まるようになった。

　2000（平成12）年からの10年間の活動を経て，F園では，2010（平成22）年度より大阪市の委託事業「つどいの広場」を開始した。他機関の専門職との連携により，多様な支援ができるようにもなった。

　「つどいの広場」では，週5日，1日5時間と開放時間が増えたことから，買い物の後にゆっくり来るなど，それぞれの家庭の生活スタイルに合わせて利用する姿がみられている。月ごとに発行しているプログラムを見ながら，子どもに合う内容を選ぶ家庭もある（図8-6）。また，月齢が同じ，家が近い等で友達になり，待ち合わせて園に来るなどの様子もみられている。

表8-2　子育て広場「わくわく」の内容

時・活動形態	主な場所	主な内容
午前：予約制の広場	園庭・学童保育室	F園内において，ゲーム，親子遊びなど
午後：自由参加型広場	近隣の公園	体操，紙芝居，ゲーム，親子遊びなど

5. 保育所における地域子育て支援の実際　165

 藤 わくわく ～3月のイベント～

月	火	水	木	金	土
つどいの広場では、ご家庭で子育てをされている親子の交流や、集いの場を提供しています。子育て相談なども行っていますので、いつでもお気軽にお越しください。スタッフ一同、お待ちしています。				1 ＊のんびり遊ぼう ＊園庭開放 (10:30～)	2 ＊ファミリー開放！ ぜひ、ご家族で遊びに来てください。 ＊園庭開放 (10:30～)
4 ＊大型遊具で遊ぼう （午前・4F） ＊食事コーナー (11:30～13:00) ＊園庭開放 (10:30～)	5 ＊おにぎりをたべながらみんなでおはなししよう＆ママカフェ (11:00～　参加費無料) ＊園庭開放 (10:30～)	6 ☆ブックスタート （予約：10:00～10:30） ボランティアによる絵本の読み聞かせがあります。 ＊園庭開放 (10:30～)	7 お休み	8 ＊カレンダー作り（午前） 材料を用意しているので、自由に作ってくださいね。 （主任） ＊園庭開放 (10:30～)	9 ＊園庭開放 (10:30～) 園庭・中庭にて吊り橋や砂場、スクーター遊びなど。 分園のポーチは、小さなお子さんにも人気です。
11 ＊大型遊具で遊ぼう （午前・4F） ＊食事コーナー (11:30～13:00) ＊園庭開放 (10:30～)	12 ＊おにぎりをたべながらみんなでおはなししよう＆ママカフェ (11:00～　参加費無料) ＊園庭開放 (10:30～)	13 ＊手遊び・歌遊び (10:30～11:00) アコーディオンに合わせて一緒に歌おう！ ＊終了後、園庭開放	14 お休み	15 ＊カレンダー作り（午前） 材料を用意しているので、自由に作ってくださいね。 （主任） ＊園庭開放 (10:30～)	16 ☆手作り玩具の会 (10:00～11:00) 0.1.2 歳児向けの玩具を作ります。
18 ＊大型遊具で遊ぼう （午前・4F） トンネルやミニフープ、三輪車などで遊ぼう！ ＊食事コーナー (11:30～13:00) お弁当の持参 OK です。 ＊園庭開放 (10:30～)	19 ＊ぶるーむ・むじーくコンサート (10:00～) ☆給食体験 （予約：3組限定 11:30～） ～ メニュー ～ ・ビーフカレー ・豆菜サラダ ・コンソメスープ ・バナナ ＊終了後、園庭開放	20 ＊歌のミニコンサート 童謡、歌ゲーム、歌遊びなど、親子で楽しもう！ ＊終了後、園庭開放	21 お休み (春分の日)	22 ＊身体計測 乳児用・幼児用の身長計・体重計を用意しています。 ＊園庭開放 (10:30～)	23 ＊ファミリー開放！ ぜひ、ご家族で遊びに来てください。 ただし、小学生・就園児のお子様はご遠慮ください。 ＊園庭開放 (10:30～)
25 ＊大型遊具で遊ぼう （午前・4F） トンネルやミニフープ、三輪車などで遊ぼう！ ＊食事コーナー (11:30～13:00) お弁当の持参 OK です。 ＊園庭開放 (10:30～)	26 ☆給食体験 （予約：3組限定 11:30～） ～ メニュー ～ ・菜飯 ・鶏の唐揚げ ・ひじきサラダ ・コンソメスープ ＊園庭開放 (10:30～)	27 ＊諸々相談会 (10:30～11:30) 区社協より相談員が来園します。 ＊園庭開放 (10:30～)	28 お休み	29 ＊のんびり遊ぼう ＊園庭開放 (10:30～)	30 ＊園庭開放 (10:30～) 園庭・中庭にて吊り橋や砂場、スクーター遊びなど。 分園のポーチは、小さなお子さんにも人気です。

"藤わくわく" 利用のご案内

利用時間：AM10:00～PM3:00　　対象者：未就園の乳幼児(0-3歳児)及び、その保護者
休み：木曜日、日曜日、祝日、お盆、年末年始　　利用料：無料

☆印のものは、予約制になります。

おねがい
お子様のそばを離れずに、ご利用ください。

図 8-6　子そだて広場「わくわく」の広報紙（抜粋）

(3)「わくわくひろば」の記録から

「わくわくひろば」の記録から，利用者の姿をいくつか紹介したい。

1) 息がつまる子育てから，少しずつ人とわかり合える子育てへ

参加者 A さんは，わが子と 2 人きりでいると息がつまると話し，担当職員となにげない会話をしただけで「久しぶりに人と話をした」と喜んだ。参加しているほかの母親から「私も同じ」と，A さんと同じように感じていること

を聞いて，さらに安心したようであった．

2）交流の中で得られる安心感や子育てのヒント

1歳4か月でまだ一言も話さない子どものことを心配しているBさんは，ほかの利用者との会話を通じて，「そんなに細かく気にしなくても，一人ひとりちがうのだ」と感じるようになったようである．Bさん自身，「つい本に頼ってしまって……」と話していたが，保育者から，気になったら保健センターにいつでもつなげられることを聞くと，安心したようであった．Bさんは，その後も「わくわくひろば」をよく利用するようになった．子どもにもよく声をかけ，親子で遊んだり，ほかの利用者と交流したりする様子がみられるようになった．

Bさんのように，誰かに聞いてみたい気持ちがあっても「こんなこと聞いていいのかな？」と思って言い出せない保護者が多いと感じる．相談日となると身構えてしまう保護者も，担当保育者や利用者同士での話し合いから，子育ての悩みに関するヒントを得ている姿もある．先輩ママに「大丈夫よ」「うちも同じだった」と言ってもらい，安心する参加者が多いようである．

3）子どもの食事の参考に：給食体験

月に2回，3組限定で給食体験を開催している．メニューは，菜飯，唐揚げ，ひじきサラダなど，園と同じものを用意する．参加した保護者の多くは，具材の大きさや硬さ，量などを参考にして家庭での調理に生かしているようで，家でつくりたい，味付けやレシピを教えてほしい，といった声も聞かれる．いつもは食べない野菜も，ここでは食べてくれると話す保護者が多い．

給食体験

4）みんなでつくって食べるおにぎりの会

おにぎりの会を心待ちにしている人も多いようで，いつもの時間より早く来る保護者もいる．「子どもが楽しみにしている」と言いながら，保護者もまた楽しみにしている様子である．担当保育者の「さあ，つくろうか」という声をきっかけに，おにぎりづくりが始まる．お椀にサランラップを敷いて，保護者にご飯を入れてもらう．保護者に柔らかく丸めてもらってから，子どもにバト

ンタッチ。「ニギニギ」と握っている子どもの表情は、本当にうれしそうである。「いつも食べないのに」と驚く保護者の姿もあるが、たくさんの子どもと一緒だからこそ、子どもにとっては楽しい食事の場面となる。そしてその姿を見る保護者自身も、みんなで育て合うことの大切さを実感していく。

おにぎりの会

5) 親子のふれあいと交流の機会として：ブックスタート

大阪市のブックスタートは、子どもが絵本を好きになるようにと、自治体が保健センターの0歳児健診などを活用し、ブックスタート会場の紹介を行うことから始まる。F園は、ブックスタート会場となっており、月1回実施している。ブックスタートの日には、3、4か月の赤ちゃんも多く集まっている。

ブックスタート

ボランティアによる絵本の読み聞かせとともに、保護者同士の交流の場としてもにぎわっている。「うちの子この本を読んでいるとき、しっかり見ていた」などと話したり、家でも読みたいので作者や出版社を教えてほしい、とたずねたりする保護者の姿がある。

以上のような活動から、F園では子育て支援の場を、地域の子育て中の親子が気軽に集まって、おしゃべりをしたり、子育てについて情報交換をしたり、お互いの育児不安、悩みの相談ができるような場所となるように考えてきた。また、子育ての専門機関である「保育所」でのさまざまな体験を通して、親子にとっての刺激や学びをつくり出すことも大切な取り組みであると考えている。

6. 大学における子育て支援

　地域密着型の子育て支援の1つとして，大学が行う子育て支援活動をあげることができる。一例として，S大学の活動を紹介したい。S大学では，2002（平成14）年に「乳幼児総合研究所」を設立し，地域の子どもとその保護者（特に母親）の子育て支援事業「すみれがーでん」を開設している。「すみれがーでん」は，子育て相談事業の1つとしても機能している。

（1）大学が行う子育て支援事業のメリット

　一般に，大学が行う子育て支援事業のメリットには，次の3点があげられる。

　①　幼児教育や保育学科の学生の活動参加が可能となる。学生にとっては，大学内に支援施設があることで実習に参加しやすい。

　②　学生参加により，子どもと学生1対1の個別保育が可能となる。母親が子どもと離れて活動に参加でき，リフレッシュする時間が得られる。

　③　大学ならではの施設（体育館，美術室，調理実習室，学生食堂，図書室など）を活用することができ，専門の教員による助言などが受けられる。

（2）「すみれがーでん」の活動内容

1）参 加 者

　「すみれがーでん」に登録している親子は，大学の近隣に居住する者が多く，まさに，地域密着型の子育て支援活動として考えることができる。例年，0歳児から3歳児をもつ親子50組の登録があり，毎回多くの親子が参加している。第1子はすでに幼稚園に入園しているが，第2子とともに続けて参加している親子もいる。また，口コミで活動を知って新規に登録する親子もいる。

2）学生参加の効用：子どもから離れる時間

　学生の参加によって，母親が子どもと物理的にも離れることができるため，そのことに対する母親の期待も大きい。日常生活の中で常に子どもと行動を共にしなければならない母親にとっては，子育てそのものを負担に思うことが多かったり，子どもの姿を客観的にとらえることが難しかったりする。少し年上

や少し年下の子どもたちの中で過ごすわが子を見ることは，自分の子育てを冷静に見つめることにもつながる。また，母親同士で気兼ねなく談笑するためにも，安心して子どもと離れられる環境は重要である。

また，2，3歳の子どもをもつ母親の心配ごととして，「入園時に私と離れられるだろうか？」「友達とうまくやれるだろうか？」という声も多い。「すみれがーでん」は，そのための準備や練習の機会として利用されている側面もある。

保育者を目指す学生にとっては，個別保育が貴重な体験となることはもちろん，個別保育の前後に母親と交わす申し送り事項などは（①朝の機嫌，②排泄状況，③伝えたいくせなど），これから求められる保育や子育て支援の，貴重な模擬経験となる。

3）活動場所

活動は，テラスやグラウンドから直結している「教育プレイルーム」が中心である。教育プレイルームに面した中庭には砂場があり，自由に使ってよいことになっている。砂場は廊下に囲まれているので，犬や猫の侵入の危険性は皆無である。そのほか，グラウンドや体育館などを使用することもある。もちろん安全面に配慮し，大学の授業での使用との調整を行う必要があるが，思い切りからだを動かす活動の場としては最適である。

4）活動時間

活動は月2回を原則として，木曜日の午前10時45分から午前11時30分を設定している。活動後も教育プレイルームを開放しているため，ほかの親子と

教育プレイルームでの活動

体育館での活動

一緒に遊んだり，食事をしたりして帰る親子の姿もある。また，活動後に子育てについて相談を受けることもある。

(3)「ぽっぽがーでん」（自由参加の親子が対象・学生参加なし）

「ぽっぽがーでん」は，「すみれがーでん」に参加する母親同士の親睦を深め，地域における母親のネットワークづくりを目的とした育児サークルである。「すみれがーでん」以外の曜日に開催されている。母親が自分の子育てについて自由に語り，互いに受け止め，時に乳幼児総合研究所の担当者からアドバイスをもらったり，情報交換ができる場でもある。

(4) 母親同士が語り合う子育て支援の有効性

ほかの母親と出会う機会がある子育て支援の活動といっても，会話するタイミングを逃し，関係を深めることが難しいこともある。また，子育てに正解はなく，さまざまな子育ての形がある。自分1人で抱え込まずに，時にはほかの人の体験談やアドバイスを聞くことによって，自分なりの軌道修正や安心感を得ることが重要である。深刻な話し合いとして深めていくよりも，互いの子育ての失敗談や工夫を語ったり聞いたりしながら，自分の子育てを客観視する機会としていくこと，余裕が生まれる話し合いとしていくことが大切となる。そのためには，母親のみで話し合い，たわいもない話題から，ほろ苦い経験まで，気兼ねなく語り合える環境が必要である。このようなことからも，学生が参画する子育て支援活動の意義は大きい。

子育ては楽しく，それと同時に悩みも尽きない。そしてそれは，決して母親だけが担うものではなく，家族や社会が助け舟を出し，互いに補い合っていくことで，前に進めるものである。今日の少子高齢社会は，子育て中の母親が孤立しやすい状況にある。街から子どもの姿，そして母親の姿が消えつつある時代だからこそ，子育てを支援する時間と場所を整えることは社会の責任であり，また，そうした機会を積極的に活用することが母親にも求められている。

第9章
乳児保育における今後の課題と展望

1. 待機児童の現状

(1) 保育所等待機児童数の状況

　一般にいう**待機児童**とは,「保育所等利用待機児童」を指し,「保育の必要性の認定 (2号又は3号) がされ,特定教育・保育施設 (認定こども園の幼稚園機能部分及び幼稚園を除く。以下同じ。) 又は特定地域型保育事業の利用の申込がされているが,利用していないもの」と定義されている。待機児童について,厚生労働省は毎年2回「保育所等利用待機児童調査」を行い,その結果を公表している。2018 (平成30) 年4月1日現在の待機児童に関する要点は次のとおりである。
・待機児童は,全国の市区町村 (1,741) のうち,25％の市区町村 (435) においてみられる。
・待機児童は都市部 (首都圏 (埼玉・千葉・東京・神奈川),近畿圏 (京都・大阪・兵庫) の7都府県 (指定都市・中核市含む) とその他指定都市・中核市) に多くみられる状況にあり,それら都市部の占める割合は,全体の70％ (待機児童数1万3,930人) となっている (表9-1)。
・待機児童は1,2歳児に多く,全体の74.2％を占めている。
・ちなみに,保育所等利用率 (利用児童数/就学前児童数) は年々上昇しており,特に1,2歳児の全児童数における保育所等利用率は47.0％となっている。

(2) 待機児童解消に向けた対策

　国は,2013 (平成25) 年度から2017 (平成29) 年度末にかけて「待機児童解

172 第9章 乳児保育における今後の課題と展望

表9-1 保育所等利用定員，利用児童数，待機児童数

利用定員	2,800,579 人（前年比 97,224 人増）		
利用児童数	2,614,405 人（前年比 67,736 人増）		
待機児童数（全国）	19,895 人（前年比 6,186 人減）		
待機児童の内訳		（参考）利用児童数	
都市部とそれ以外	7 都府県・指定都市・中核市	13,930 人（70.0%）	1,538,805 人（58.9%）
	その他の道県	5,965 人（30.0%）	1,075,600 人（41.1%）
年齢区分別	0 歳児	2,868 人（14.4%）	149,948 人（ 5.7%）
	1・2 歳児	14,758 人（74.2%）	921,313 人（35.2%）
	3 歳以上児	2,269 人（11.4%）	1,543,144 人（59.0%）

（備考）％は，待機児童の内訳においては全国の待機児童数を，利用児童数については全年齢計を
100 として算出。

［厚生労働省（2018）保育所等関連状況取りまとめ（平成 30 年 4 月 1 日）より作成］

消加速化プラン」を推進し，保育の受け皿を約 53.5 万人分拡大してきた。こ
れにより，保育所等利用定員と利用児童数が増加し，2018 年 4 月時点には，
待機児童数が減少に転じるようになった。とはいえ，今後も首都圏や近畿圏等
の一部の地域では，女性の就業率の上昇や，保育の利用希望者数の増加が見込
まれることから，2018 年度から「子育て安心プラン」として，さらに 32 万人
分の保育の受け皿を整備する計画を打ち出している。

（3）保護者による「保活」の動き

　利用者に目を向けてみよう。待機児童の多い都市部などの地域では，特に，
0，1 歳の低年齢児をもつ保護者を中心に，保育所等を利用するための活動を
略した保活と呼ばれる現象がみられる。保護者は保育施設の空き状況や入所要
件，年度途中入所等の制度的な内容等を積極的に入手し，入所に向けた活動を
活発化させている。例えば，育児休業明けの 1 歳児の入所申し込みが殺到する
タイミングを外し，自らの育児休業期間を短縮してまで 0 歳児の間に入所申し
込みを行ったり，年度替わりの 4 月の一斉入所申し込みと並行して年度途中入
所の申し込みを行い，空きが出ればすぐに入所の対応ができるよう生活環境を
整えたり，比較的入所しやすい地域に転居したりと，その対策はさまざまであ

る。育児休業等の社会制度が少しずつ充実してはきているものの，子どもの状況や「本当はこんな子育てがしたい」といった保護者の意向にかかわらず，入所に至るまで「保活」を続けざるを得ない現状がある。

（4）保育の質と量の両立を目指して

　さらに，保育の質と量の問題が指摘される。つまり，保育の急激な量的拡充が，子どもの命を守り発達を保障する保育の質の低下につながることはないかという懸念である。

　各市町村は，地域の実情や保育の見込み量に応じて保育を実施する責務がある。待機児童がある場合は，速やかに解消に向けた対策を講じ，実施しなければならない。この計画を受けて各保育所では，定員を超えて児童を受け入れたり，定員枠を増やしたり，また，新園や分園を設置する等の事業を計画・推進している。さらに，小規模保育事業や企業主導型保育事業といった新たな国の制度・仕組みを活用し，受け皿の拡大を目指す動きもある。

　ところが，ほかの業種・職種と同様に，保育の働き手が不足しており，場所や設備は整っていても，受け入れができない状況も生じている。また，保育所の職員増を図ると，当然経験の少ない保育者が増加する。さらに，保育支援員や保育補助者等の保育士資格を有さない職員の登用も進んでいる。こうしたことから，2017年度から整備・推進されている「保育士等のキャリアパス制度」や保育士養成校との連携，関係機関・保育団体との協働等，保育の質を維持・向上する取り組み・仕組みが期待されるところである。さらに，保育所が行う仕事内容の整理や分化についても見直しが必要であろう。

（5）人口減少社会と保育

　最後に，人口減少社会と保育に関する問題について述べておく。現在，待機児童ゼロの地域は75％，近い将来100％になり，待機児童問題は解消されるのではないかと思われるが，次に浮上する深刻な課題として，人口減少問題が危惧される。定員割れ対策，保育所および幼稚園，認定こども園等の就学前児童関連施設の統廃合，地域の空洞化が進行する中での子育て拠点としての役割と機能，ほかの教育・福祉施設や地域の産業・企業等と連携・協働した地域公益活動

174   第9章 乳児保育における今後の課題と展望

の推進等の対策が各地で始まっている。いずれにしても，地域の実情や実態に
応じて，誰もが自分のこととして，政治，経済，教育，医療，科学技術，文化，
宗教といったそれぞれの仕事や役割を実践し，英知を結集する必要がある。

2. 多様化する乳児の保育

（1）家庭的保育・小規模保育

1）「子ども・子育て支援新制度」における地域型保育給付の創設

　2015（平成27）年，子育て家庭を取り巻くさまざまな環境の変化に対応する
ために，「保護者が子育てについての第一義的責任を有するもの」という基本
的認識のもとに，乳幼児期の教育・保育，地域の子育て支援を総合的に推進す
る**子ども・子育て支援新制度**がスタートした。新制度では，保育所，幼稚園，
認定こども園を通じた共通の給付（**施設型給付**）と，小規模保育等への給付（**地
域型保育給付**）が創設され，共通した財政支援が実現することとなった。利用
者の負担額は所得に応じて決定され（**応能負担**），国の基準をベースに市町村
が負担額を設定する仕組みとなっている。

　地域型保育給付は，待機児童が都市部に集中し，また，待機児童の大半が満
3歳未満児であることをふまえ創設されたもので，小規模保育，家庭的保育，
居宅訪問型保育，事業所内保育がここに含まれる。つまり，乳児など3歳未満
児の保育の場は，新制度によって公的に多様化したことになる。子ども・子育
て支援法に基づく給付・事業の全体像を，表9-2に示す。

2）地域型保育の特徴とその意義

　a．地域型保育の特徴：地域型保育の保育事業は児童福祉法により法定化さ
れ，いずれも主に3歳未満児を対象とした保育として規定されている。対象と
なる児童は，保育の必要性が認められた子どもであり，地域型保育に入所する
子どもは，保育所入所を希望したものの入所できなかったものも多く含まれて
いる。保育所では1年を通じて同じ子どもが通ってくるが，地域型保育では，
年度途中にも入所や保育所への移行がみられるなど，子どもの変動が大きい場
合もある。また，保育者の資格要件も異なっている。保育所では保育士資格が
その要件となるが，後述するように，家庭的保育事業や小規模保育事業C型

表9-2　子ども・子育て支援法に基づく給付・事業の全体像

市町村主体			国主体
子ども・子育て支援給付		地域子ども・子育て支援事業	仕事・子育て両立支援事業
施設型給付	地域型保育給付	利用者支援事業 地域子育て支援拠点事業 一時預かり事業 乳児家庭全戸訪問事業 ファミリーサポートセンター事業 （対象事業の範囲は法定） 延長保育事業 病児保育事業 放課後児童クラブ 妊婦健診　　　等13事業	企業主導型保育事業 企業主導型ベビーシッター利用者支援事業
認定こども園 幼稚園 保育所	小規模保育事業 家庭的保育事業 居宅訪問型保育事業 事業所内保育事業		
児童手当				

［内閣府子ども・子育て本部（2018）子ども・子育て支援新制度について　より作成］

では，保育士を基本としつつ，保育士と同等以上の知識および経験を有するものとして市町村が認めるものと拡大され，小規模保育事業B型や事業所内保育事業では，子育て支援員研修（地域保育コース）を修了した保育従事者が一定数まで認められている。また，地域型保育の保育内容は，保育所保育指針に準じ，それぞれの保育事業の特性に留意して行うことが求められている。

b．地域型保育の意義：保育所保育などの大きな集団で行われる保育とは異なり，地域型保育ならではの特徴がもたらす意義も示唆されている。

① **家庭的環境での保育**

保育の場所は，保育者の居宅，住宅や施設の空き室，店舗スペースなどさまざまである。小さい空間では，保育者と子どもの距離が近くなり，子どもは安心感を覚えやすい。保育者にとっても，小さい空間の中では子どもの姿を把握しやすく，子どもに優しい声で語りかけたり，歌いかけたりすることができ，穏やかな保育ができる。

みんなで食事

② 小集団を対象とするきめ細かな保育
　小集団を対象とする保育は，個別的な配慮を行いやすい。年齢や月齢が異なる一人ひとりの子どもの発達過程，体質や気質，その時々の興味・関心，日々の体調や機嫌に応じて，きめ細かな保育を行うことができる。小集団であることは，子どもの様子（主体的な態度，学びの芽生え）に応じて柔軟にその日の計画を変更することができる，という利点もある。

③ 少人数の保育者による対応
　少人数の保育者による十分なスキンシップや応答的なかかわりをもつことができる。子どもとの間に愛着関係を築きやすく，発達面や体調，情緒などの変化にも気付きやすく，発達を促す活動を計画したり，あるいは病気の予防の対応などをとることができる。

④ 子どもの生活リズムの尊重
　一人ひとりの子どもの生活リズムを尊重した保育を行うことができる。子どもの24時間の生活を考慮し，子ども自身の生活リズムと子どもの発達過程に応じた，適切な生活リズムを確立することができる。

⑤ 保護者や地域の子育て家庭への支援
　少人数の保育者が対応することから，保護者との関係は親密になりやすい。保護者の育児に対する考え方や希望，家庭の事情を理解しやすく，信頼関係が生まれやすい。保護者の悩みや喜びを受け止め，共有することも容易であることから，子育てのパートナーとしての役割を十分果たすことができる。

3）家庭的保育事業，小規模保育事業の概要

　表9-3のように，地域型保育事業には4つの類型があり，その基準についても定められている。施設型保育の代表的な形態である家庭的保育事業と小規模保育事業について概説しておこう。

　a．家庭的保育事業の概要：家庭的保育者の居宅等で，0～2歳までの5人以下の乳幼児を保育するもので，家庭的保

異年齢児に見守られて

2. 多様化する乳児の保育　*177*

表9-3　地域型保育事業の職員，設備等に関する基準

		家庭的保育事業	小規模保育事業			事業所内保育事業	居宅訪問型保育事業
			A型	B型	C型		
定員		5人以下	6人以上19人以下				―
職員	職員数	0～2歳児3：1（家庭的保育補助者をおく場合5：2）	保育所の配置基準＋1人	保育所の配置基準＋1人	0～2歳児3：1（補助者をおく場合，5：2）	定員20人以上保育所の基準と同様　　　定員19人以下小規模保育事業A型，B型の基準と同様	0～2歳児1：1
	資格	家庭的保育者（＋家庭的保育補助者）※市町村長が行う研修を修了した保育士，保育士と同等以上の知識および経験を有すると市町村長が認める者	保育士※保育所と同様，保健師または看護師等の特例を設ける	1/2以上保育士※保育所と同様，保健師または看護師等の特例を設ける※保育士以外には研修実施	家庭的保育者※市町村長が行う研修を修了した保育士，保育士と同等以上の知識および経験を有すると市町村長が認める者		必要な研修を修了し，保育士，保育士と同等以上の知識および経験を有すると市町村長が認める者
設備・面積	保育室等	0～2歳児いずれも1人3.3m²	0歳・1歳児1人あたり3.3m²2歳児1人あたり1.98m²	0歳・1歳児1人あたり3.3m²2歳児1人あたり1.98m²	0～2歳児いずれも1人3.3m²		―
給食		自園調理（連携施設等からの搬入可）調理設備調理員					―

［内閣府子ども・子育て本部（2018）子ども・子育て支援新制度について より作成］

育者1人では3人まで，家庭的保育補助者をつけた場合は5人まで保育することができる。家庭的保育は，保育所不足に対応するために以前より都市部自治体の単独事業として取り組まれていたが，2010（平成22）年，児童福祉法に位

置づけられ国の制度となり，新制度創設により地域型保育に加えられた。家庭的な環境で，いつも同じ保育者が対応する異年齢の保育である。小規模かつ0〜2歳までの事業であることから，保育内容の支援および卒園後の受け皿の役割を担う連携施設の設定が求められている。

b. 小規模保育事業の概要：地域にある空き施設や賃貸住宅等を活用して行われる保育事業で，子どもの定員は6〜19人である。保育所分園に近い形態A型，複数の家庭的保育者が共同の場所を活用して行う形態C型，AとCの中間のB型があり，それぞれに定員や職員配置の基準は異なる（表9-3）。設置されている形態は現在，A型が大半を占め，社会福祉法人，株式会社・有限会社，個人，NPO法人，学校法人など，多様な主体による設置が進んでいる。

4）求められる連携施設

家庭的保育事業，小規模保育事業および事業所内保育事業においては，その保育が適正かつ確実に行われ，また，満3歳に達して卒園する児童に対して，引き続き必要な保育が提供されるように**連携施設**を確保することが求められている。連携施設の役割としては，次のようなことが期待されている。

a. 集団保育の経験：連携施設における園庭開放や行事への参加，クラスに入っての交流や合同保育などは，日頃，少人数の中で過ごす子どもたちにとって，集団での活動を経験する機会となる。年長児の姿はよいモデルとなり，学びの経験ともなる。

b. 情報提供・相談支援：連携施設のもつ新しい情報や保育経験の蓄積によるノウハウなどを，必要に応じて保育従事者に提供する。保護者支援や給食メニューなど，他職種による情報提供や相談支援なども有益である。

c. 代替保育：保育従事者の研修受講や休暇をとる際などに，代替保育の提供を行う。日頃より交流があると，子どももクラスになじみやすい。

d. 満3歳以上の保育の受け入れ：地域型保育は，子どもが満3歳に達した年度末までしか利用できない。それ以降の保育について，引き続き連携施設に子どもを受け入れる枠が確保されると，スムーズな移行が可能となる。

地域型保育は，少人数でのきめ細かな保育が可能になるというメリットがある一方で，「小さな関係性」や「見えない空間」の中で保育が行われるため，

その密室性や閉鎖性などが懸念されることもある。地域に開かれた保育となるように，日々学ぶ姿勢をもちながら情報提供や情報開示に努めること，さまざまな地域資源をうまく活用していくことも求められる。また，少人数での保育においては，保育者自身の健康管理や精神的なケアなどが非常に重要となる。過労や体調不良に配慮し，心身ともに良好な状態で子どもの保育を行いたい。

（2）乳　児　院

　乳幼児の子育ては，家庭で行うことが一般的であるが，保護者の死亡，行方不明，疾病などさまざまな事情から，子どもを養育できないことがある。**乳児院**は，児童福祉法第37条に基づく入所の児童福祉施設であり，保護を必要とする乳児（必要と認められる場合には就学するまでの幼児を含む）を集団生活の中で，24時間365日養育している。看護師，保育士または児童指導員，嘱託医などが配置され，2018（平成30）年現在，全国で140の施設がある。

1）入所の理由と乳児院の役割

　乳児院は，乳幼児の生命を守り養育するところである。近年，**虐待**（ネグレクト，身体的虐待，心理的虐待など）による入所が増加しているが，そのほかにも父母の精神疾患（薬物依存症を含む），経済的困難（借金・貧困）も多く，親の未婚や婚外出産，受刑，次の子どもの出産という理由が続く。育児への不安をもつ保護者が多いことから，健全な親子関係を築くために，乳児院には次の7つの役割が求められている。

① 　家庭的な養育の推進

② 　養育の一貫性と連続的・継続的ケアの配慮

③ 　心身の問題点の解消に向けた支援

④ 　家庭復帰に向けたペアレンティング・トレーニング

⑤ 　早期の家庭復帰を目指した関連専門機関との連携

⑥ 　子どもの権利・人権の代弁と主体的に自己表現できる子どもの育成

⑦ 　地域の子育て支援の拠点

　これらの役割を果たすために，多様な専門職（保育士，看護師，医師，ファミリーソーシャルワーカー，心理士，栄養士など）が連携・協力して日々支援を行っている。

2）担当養育制と個別化

　乳児院では，子どもの「現在」から，退所し，成人として成長して自身の将来を展望していくといった「生涯」にわたる視点をもって，人間形成の基礎を培うことが目指されている。子どもにとって乳児院は生活の場であり，育ちの場であるが，家庭とは異なる集団の中で複数の大人が養育にあたるという側面をもつ。そのため，乳児院においては，乳幼児期の発達課題である**アタッチメント**の形成が特に重要視されており，特定の大人との**愛着関係**を築くために，日々の養育において**担当養育制**が取り入れられている。

　担当養育者は，授乳，入浴，食事，散歩，買い物，外出，外泊，病院の通院など，子どもと生活全般を共にし，多くのかかわりをもつ。また，散歩や外食など２人だけで個別の時間を過ごし，子どもと緊密な関係を形成していく。

　また，集団生活によって個の形成が妨げられないよう，子どもと一緒に買い物に出かけ，衣類や生活用品，おもちゃ類などを年齢や季節，好みに応じて購入することもある。それらには「私（僕）のもの」を示すシールや名前を付け，「私（僕）の」戸棚や引き出しに収め，個別化していく。その日着る衣服は自分で選ばせるなど，自分で選択する機会も大切にしている。

　担当養育者には，日常の子どものケアに加え，養育や支援に対する記録をとることが求められている。養育日誌の内容としては，子どもの健康，発達，言葉，情緒，遊び，外出，面会などが含まれており，そのほかにも養育目標，自立支援計画，アルバム帳などを作成する。次に述べるように，これらはいずれも職員間における情報共有のための貴重な資料となる。

離乳食

沐浴

2. 多様化する乳児の保育　*181*

3）自立支援計画の作成と職員間，関係機関との連携

　乳児院は，担当養育者が中心となって一人ひとりの子どもの養育を行うことを基本とするが，一方で，院内の職員や関係機関との連携も必要となる。さまざまな背景をもつ一人ひとりの子どもの養育が，職員間で，一貫して，かつ継続的に行われるように，関係者間で共通理解をし，連携を図っていく。それらは記録や伝達，話し合いなどを通じて行われ，その子どもに応じた**自立支援計画**や養育計画が作成されていくこととなる。

　こうした計画は，児童の権利に関する条約（子どもの権利条約），児童憲章，児童福祉法の理念や内容に則したものでなければならない。定期的なケース会議には，保育士，看護師，ファミリーソーシャルワーカー，心理士が参加し，それぞれの立場から，子どもの発達や家族の状況を報告し合う。それに基づき，これまでの取り組みに対する評価を行い，今後の課題や方針なども検討していく。保育士は，そのメンバーの中でも，子どもと一番親しく，長い時間を一緒に過ごしている存在である。そのため，子どもに対する詳細な観察や，子どもの気持ち，現在のニーズなどを適切に把握することが期待されており，連携チームの中でも非常に重要な役割を果たすこととなる。

　ケース会議の結果に基づいて，担当養育者は，自立支援計画を作成していく。自立支援計画には，生活，健康，運動，遊び，言語，情緒，対人関係，家族関係，保護者の意向に関する現状と課題，支援方法を記載する必要がある。その自立支援計画をもとに，さらに毎月の養育目標を立て，各項目についての記録を毎月行う。ここで立てられた養育目標は，保育士が参加する養育会議で報告され，全員が取り組みに協力していく。また，成人した乳児院退所者が自分のルーツを探して自己の乳児期の情報を求めて来所することもあるため，各資料は永久保存とすることが必要となる。

4）地域の子育て支援の拠点として

　近年，育児不安や虐待，不適切な養育などが問題化してきている。乳児院においても，地域住民に対する相談事業を実施し，地域の福祉ニーズに基づいて子育てを支援する活動が求められている。保育士が乳児院で培った専門性は，多方面で活用されている。地域で育児に励む保護者からの育児相談や支援，里親への育児指導，地域開放・交流などその範囲は広い。施設の機能や専門性を

182　第9章　乳児保育における今後の課題と展望

活用し，地域の子育て支援の拠点となるよう取り組んでいくことが目指される。

3. 乳児保育の課題と展望

（1）乳児保育における期待と課題
1）子育ての社会化と乳児保育

　現代社会では，親と家庭が存在していたとしても，それだけで子どもが育つ環境として十分であるとはいえなくなった。孤立育児や密室育児などの問題が指摘されているように，親（現状では母親の場合が多い）だけで，日中子どもに豊かな環境を用意することは難しい。これまでの議論の繰り返しになるが，子どもが健やかに育つためには，養育者との応答的なかかわりが必要であり，子どもはその関係を**安全基地**として人やものにかかわり，次第に世界を広げていく。しかし，親自身が子育ての方法を知らなかったり，子どもと2人だけの生活に疲弊していたり，そもそも自身がさまざまな葛藤を抱えていたりする場合には，その家庭が，子育て環境として十分に機能しないことも考えられる。ましてや虐待などの不適切な養育は，密室の中で行われる。家族以外の支え手がそうした家庭に自然な形でかかわることによって，閉鎖しがちな空間や関係に風穴をあけ，膠着した親子関係をほぐすこともある。日常的に支えられ，親自身が子育てについて学んだり，支え合ったり，育ち合ったりする場が求められている。

　「子育ての社会化」とは，それぞれの家庭において個別的に行われてきた子育ての機能を外部化したり，共同化したりする営みをいう。地域社会という観点からみると，共に"地域の子どもを育て合う"ネットワークの一員として，それぞれの子育て家庭がつながり，地域のつながりの中に組み込まれていく過程であるともとらえられる。乳児保育の立場からすれば，「保育を必要とする」ことを契機に，各家庭が保育所という地域資源につながり，保育者との関係性を基盤に日常的なサポートを得て，次第にほかの保護者や地域の人々とのつながりを構築する過程であるともいえる。深刻な問題を除き，乳児における子育ての悩みや不安は，休日の預け先や育児の工夫など，保護者同士で共有し，解決し合えることも多く，日々の大変さに共感し，相互の励まし合いにもつなが

りやすい。つまり乳児保育は，現代社会における子育ての社会化を進める上で非常に重要な役割を担っているといえる。

2）保育士不足による課題

子育ての社会化のみならず，近年，乳児の有能さが科学的に立証され，乳児を取り巻く人的・物的環境の重要性が強く認識されてきた。専門的に養成された質の高い保育者の存在が，子どもの成長・発達をいっそう促進するという研究結果もあり，乳児保育の重要性が高まりをみせると同時に，その担い手である保育者に大きな期待が寄せられている。

しかし現在，保育士不足に頭を悩ませる自治体は多い。施設・設備が整っていても，保育士が不足し，定員どおりの受け入れができなかったり，休園を余儀なくされたりする自治体もある。こうした動向は，実は待機児童問題とも大きく関連し（詳細は本章第1節参照），特に，乳児保育がそのしわ寄せを受けている。乳児に対する保育は保育士の配置を多く必要とし，すでに在籍している幼児を退所させて保育士不足に対処することは現実的ではないため，結果として新しく入所する乳児の数を減じる方策をとらざるを得ない。保育を必要とする保護者からすれば，それぞれの人生の設計やキャリアへの展望を揺るがすものとなり，子育てへの意欲や負担感，子どもへの愛情そのものにまで影響を及ぼすことも懸念される。

さらに，保育士不足は，経験の少ない保育者に重要な役割を担わせざるを得ない状況や，保育補助者などの保育士資格をもたない職員の登用につながり，保育の質そのものにも影響を及ぼす。今後の乳児保育においては，待機児童対策や保育士不足への対応と同時に，保育の質を担保し，向上させるための仕組みや工夫が求められている。

（2）保育の質の担保と向上のために

1）新たな研修制度の創設と保育士のキャリアパス

保育の質を高めるためには，自己研鑽や継続的な研修の機会が重要である。保育所の役割が多様化・複雑化し，より高度な専門性が求められるようになってきたことを背景に，2017（平成29）年度より，保育士を対象とする新たな研修制度として「キャリアアップ研修」がスタートしている。保育現場において

は，これまで，園長，主任保育士のもとで，初任後から中堅までの職員が，多様な課題に対応したり，若手の指導等を含むリーダー的な役割を与えられたりして職務にあたってきた。新たな研修制度では，これらの職務内容に応じた研修内容を充実させ，保育士がそれを受講することにより，保育士の専門性が向上されるような仕組みとなっている。さらに，これらの研修を受講し，技能・経験を積んだ保育士に対しては，その給与に処遇改善のための加算がなされることになっている。

2) 子どもと直接かかわらない業務の見直し

　また，保育の業務に関する見直しも必要となる。例えば，子どもの保育を行うのと同時に，保育の振り返りを行い，次の計画を作成するとしたらどうだろう。子どもの安全への配慮は十分にはできないし，保育者の集中は断続的なものとなり，どっちつかずの業務になってしまう。子どもの発達に応じた保育が重要視される中で，計画作成にとどまらず，発達そのものの理解や教材研究のための時間がむしろ必要である。文献を調べたり，試行錯誤したり，記録から何かを紐解いたりする時間が，明日の保育の質の向上につながるのである。業務として子どもとかかわらずに，同僚の保育を観察する機会を与えられる園では，職員間のディスカッションの機会を増やし，自分たちの計画が実践の中でどのように位置づき，それが有効であるか否かをとらえる力につながっているともいわれる。加えて，特別な配慮を必要とする家庭への支援を検討するにあたっては，個人情報保護の観点から，子どものいない場所で行うことが前提となる。つまり，保育の質向上のためには，直接子どもにかかわらない時間帯（ノン・コンタクトタイム）がきわめて重要となる。現状，子どもの午睡の時間をこうした業務にあてることが多いように見受けられるが，それだけでは十分とはいえない時期にきている。

　そのほか，ICT（情報通信技術）による書類作成の省力化や清掃業務の外部化など，業務全体の効率化を図り，保育者が，子どもの保育と子育ての支援といった本来の業務にしっかりと向き合えるよう，体制を整えていくことも課題となる。

（3）保育者のワーク・ライフ・バランスを大切に

　最後に，保育者自身のワーク・ライフ・バランスについても付記しておきたい。保育所は開所時間も長く，保育者の業務は長時間にわたることが多い。しかし，保育者も業務を離れれば，一個人であり，それぞれの生活主体でもある。妊娠，出産，育児，介護といった保育者自身のライフイベントに直面し，離職する保育者も多い。日中ほかの子どもを保育し，自身の子育てがおろそかになることは，生活者でもある保育者にとって，大きな葛藤を生むであろう。

　一方で，保育は，非常に高い専門性が求められるものであり，安定的に継続して勤務できる体制づくりは欠かせないものである。こうした状況から厚生労働省は，2018（平成30）年「看護師・介護士・保育士『短時間正社員制度』導入支援マニュアル」を作成し，ケアに携わる人材の確保や，定着を図るための方策を提案している。保育の現場においても多様な働き方が選択できる仕組みの構築は急務である。保育者一人ひとりが，保育者として，生活者として，よりよい将来の展望をもてるようにしていきたいものである。

０，１歳児デイリープログラム例　　□は，０歳児を示す　　（古橋，2019）

時刻	保育内容 （保育士のかかわり）	環境構成・援助・配慮事項	間接業務 （ノンコンタクト）
7：00	順次登園 受け入れ	保護者や子どもと笑顔で「おはよう」の挨拶をして受け入れる。	於：保育室 （早番保育士） ・湿温度の確認 冷房・暖房・加湿機等の導入を検討，実施 ほふく室の清掃 （フリー保育士）
	健康観察をする	健康観察 ┊ ・機嫌　・顔色 　　　　 ┊ ・体温　・鼻水 　　　　 ┊ ・皮膚の状態　　【虐待の早期発見を視野に】 昨日なかった，傷・あざ・やけど等の有無を確認する。	
	おむつの交換	排泄の有無を確認して交換し，「おむつ替えたから，気持ちよくなったね……」と，清潔になった心地よさを言葉で伝える。他児の目に触れない場所やおむつ交換台でていねいに心を込めて介助し，自分を肯定的な存在と感じられるようにする。　〈排泄〉	於：調乳室 （フリー保育士）
	連絡帳の確認	体調の変化や迎え時間の変更など，担任間で共通把握する。	於：事務室 （副園長・看護師） 連絡帳から変更事項を把握し，表にして提示
	低月齢児等　□睡眠□	眠気がみられたら，静かな環境で眠れるように抱いて揺らしたり子守歌を歌ったり，背中をなでるなどして眠りを誘う。 睡眠中は，観察記録をつけて SIDS 予防に努める。	
	おやつ・水分補給 （補食）	起床時間や朝食（ミルク・離乳食等含む）の喫食状況から補食の役割を考慮して，量の加減などしながら介助する。	於：調乳室 （フリー保育士） ・おやつの準備 ・調乳 ・おやつの片づけ ・哺乳瓶の洗浄
10：00	□授乳□	横抱きにして，優しいまなざしで語りかけながら授乳する。 ミルクを吸う力と哺乳瓶の泡の様子（泡の直径は 1 ～ 3 mm 程で同じ速度で出る）が適切か観察し，泡が出ない，また，大きすぎるときはキャップの締め方で調整する。授乳後は立て抱きにし，背中の下から上になでて排気を促す。　　　〈授乳〉	
	園庭（乳児エリア）にて１歳児外遊び	帽子・靴などの確認をして，保育士Ａ・Ｂ・Ｃは主に自分の担当児を把握しながら園庭に出る。保育士Ａは，子どもたちが主体的に遊び始めたら，フリー保育士に担当児を委ねる。担当児以外の子どもたちの安全にも配慮しながら一緒に遊ぶ。	於：事務所 （保育士Ａ） PC 使用による個別指導計画の作成等事務業務

10：30	早朝登園児は入室 手洗い・水分補給 おむつ交換 室内あそび	入室した子どもは手洗い・水分補給を保育士と一緒にする。　〈排泄〉 玩具や絵本など，子どもが主体となって遊びやすいよう環境設定をしておき，保育者は安全面に配慮しながら見守ったり一緒に遊んだりする。	
11：00	食事の準備 昼食　離乳食	空腹や眠気がみられる子どもから先に食べられるように，手洗いやエプロンをつけて，食事の介助をする。 食前の挨拶は「いただきます」と言って手を合わせたり頭を下げたりして保育者と一緒に食べ始める。 看護師がアレルギー児の食事介助をする。 食べる様子を観察（食欲・咀嚼・食べる量・嚥下の様子等）して一人ひとりの子どものペースに合わせて介助する。	於：保育室 （フリー保育士） ・離乳食・給食の準備 （看護師） アレルギー児用の食事を確認。 専用テーブルのセット
11：30	授乳	食べ終えた子どもは手や顔を拭き着替えて授乳する。　〈授乳〉	於：調乳室 （フリー保育士） ・調乳
		食事中に眠ったときには，口の中に食物が残っていないことを確認してから寝かせる。10分程で目覚めたり，起こしたりして様子をみながら続きを食べられるように介助する。 食後お茶を与えて口の中に食べ物が残らないようにする。	於：保育室 （フリー保育士） ・食事の片づけ ・歯ブラシ洗浄
	歯みがき 着替え おむつ交換	保育者の膝に寝かせて歯みがきをする。 （p.48 参照） 汚れたエプロンを取り，顔や手などを拭いて，パジャマや清潔な衣服に着替え，眠い子どもには入眠の介助をする。　〈排泄〉	
12：00	午睡 睡眠中の観察記録	呼吸・顔色・仰向け寝等を観察して記録する。子どものそばで子守唄を歌ったり，からだをなでたりして介助する。	於：事務所 （保育士 A） PC 使用による個別指導計画の事務業務続き
	連絡帳の記入	子どもの傍で，連絡帳・クラス日誌等を記入する。	
	休憩代替え保育士への引き継ぎ	職員の休憩代替え保育士入室と同時に，睡眠記録の引き継ぎおよび子どもへの配慮事項を伝達する。	於：玄関ホール （フリー保育士） 拭き掃除ロボットをセット

時刻	活動	内容	備考
13：30	早く目覚めた子どもへの対応 着替え・検温 おむつ交換 トイレに誘う	午睡中や早く目覚めた子どもには，抱いたり一緒に遊んだりする。 トイレに興味を示したら，予告（出そう・おしっこしたい）と報告（出たよ・おしっこした）を観察してトイレへ誘う。 午前と午後，時間を決めて検温するが，体調不良の場合は，実測体温計で正確に計測する。　〈排泄〉	於：ホール 0，1，2歳児クラスのチーフ会議 （保育士C・D） 誕生会の打ち合わせ等
14：00	手洗い	排泄の確認は，生活の節目（食事・睡眠前後など）を目安にするが，一人ひとりのしぐさをよく観察して対応する。	於：トイレ （清掃業者） トイレ清掃
14：30	おやつ・水分補給 授乳	おやつ・授乳は，子どもの生活リズムに合わせて介助する。　〈授乳〉 食べ終わった子どもから，園庭に出る用意をする。	於：事務室 （保育士B） PC使用による 保育日誌の記入
15：00	園庭（乳児エリア）にて1歳児外遊び	鼻水が出るなど，体調の悪い子どもは室内で看護師と過ごし，検温や水分補給など様子をみながら適切にかかわる。	
16：00	迎えのある子どもから降園	連絡帳や着替えた衣服などは，間違いがないように保護者と一緒に確認する。また，1日の様子（体調や保育内容）を伝えて「さよなら」の挨拶をする。	於：保育室 （フリー保育士） 保育室の掃除
	保育室に入室 水分補給 おむつ交換 0，1歳児合同保育	体調の悪い子どもは検温して静かに過ごすように配慮する。　〈排泄〉	
17：00	母親，母乳を授乳	母乳を与えてから降園を希望する母親には，他児の目に触れない場所で，ゆったり授乳できるように配慮する。	
18：00	全クラス合同保育 遅番保育士への引き継ぎ	遅番保育士と連絡帳を見ながら引き継ぎをていねいにする。 眠くなった子どもは，ベビーベッドで眠るように介助する。 他児が帰宅する姿を見て不安になる子どもには，抱いて安心するように優しくかかわるようにする。	於：階段 （遅番保育士） 掃き掃除
19：00	最終確認	最後に降園する子どもを見送り，戸締まりの最終確認をする。	於：玄関ホール （遅番保育士） 床の拭き掃除ロボットをセットして帰宅

［大阪府茨木市彩都保育園（幼保連携型認定こども園）資料提供］

離乳の進め方の目安

	離乳の開始 ➡ 離乳の完了			
	以下に示す事項は，あくまでも目安であり，子どもの食欲や成長・発達の状況に応じて調整する。			
	離乳初期 生後5〜6か月頃	**離乳中期** 生後7〜8か月頃	**離乳後期** 生後9〜11か月頃	**離乳完了期** 生後12〜18か月頃
食べ方の目安	○子どもの様子をみながら1日1回1さじずつ始める。 ○母乳や育児用ミルクは飲みたいだけ与える。	○1日2回食で食事のリズムをつけていく。 ○いろいろな味や舌ざわりを楽しめるように食品の種類を増やしていく。	○食事リズムを大切に，1日3回食に進めていく。 ○共食を通じて食の楽しい体験を積み重ねる。	○1日3回の食事リズムを大切に，生活リズムを整える。 ○手づかみ食べにより，自分で食べる楽しみを増やす。
調理形態	なめらかにすりつぶした状態	舌でつぶせる固さ	歯ぐきでつぶせる固さ	歯ぐきで噛める固さ
1回当たりの目安量				
Ⅰ 穀類（g）	つぶしがゆから始める。すりつぶした野菜等も試してみる。 慣れてきたら，つぶした豆腐・白身魚・卵黄等を試してみる。	全がゆ 50〜80	全がゆ 90〜軟飯80	軟飯80〜ご飯80
Ⅱ 野菜・果物（g）		20〜30	30〜40	40〜50
Ⅲ 魚（g）		10〜15	15	15〜20
または肉（g）		10〜15	15	15〜20
または豆腐（g）		30〜40	45	50〜55
または卵（個）		卵黄1〜全卵1/3	全卵1/2	全卵1/2〜2/3
または乳製品（g）		50〜70	80	100
歯の萌出の目安		乳歯が生え始める。	1歳前後で前歯が8本生えそろう。 離乳完了期の後半頃に奥歯（第一乳臼歯）が生え始める。	
摂食機能の目安	口を閉じて取り込みや飲み込みができるようになる。	舌と上あごで潰していくことができるようになる。	歯ぐきで潰すことができるようになる。	歯を使うようになる。

※衛生面に十分に配慮して食べやすく調理したものを与える。

［厚生労働省（2019）授乳・離乳の支援ガイド（2019年改定版），p.34］

■参 考 文 献

第1章1

ボウルビィ，J. 著，黒田実郎・大羽蓁・岡田洋子・黒田聖一訳（1976）母子関係の理論
　Ⅰ愛着行動，岩崎学術出版社.

エリクソン，E.H. 著，仁科弥生訳（1977）幼児期と社会Ⅰ，みすず書房.

遠藤利彦（2017）非認知的（社会情緒的）能力の発達と科学的検討手法についての研究に
　関する報告書，国立教育政策研究所.

入江慶太（2010）「乳児」とは，「乳児保育」とは．川原佐公監修，古橋紗人子編著：赤ちゃ
　んから学ぶ「乳児保育」の実践力―保育所・家庭で役立つ―，保育出版社.

数井みゆき・遠藤利彦編著（2005）アタッチメント　生涯にわたる絆，ミネルヴァ書房.

OECD 編著，無藤隆・秋田喜代美監訳（2018）社会情動的スキル―学びに向かう力，明石
　書店.

斎藤晃（2016）新生児・乳児期．田島信元・岩立志津夫・長崎勤編：新・発達心理学ハン
　ドブック，福村出版.

社会保障審議会児童部会保育専門委員会（2016）保育所保育指針の改定に関する議論のと
　りまとめ.

高橋道子（2013）乳児期．藤永保監修：最新　心理学事典，平凡社.

八木義雄（2016）乳児保育の意義と機能．川原佐公・古橋紗人子編：シードブック　乳児
　保育〔第4版〕―科学的観察力と優しい心―，建帛社.

第1章2

ジェームズ・ヘックマン著，大竹文雄解説，古草秀子訳（2015）幼児教育の経済学，東洋
　経済新報社.

大場幸夫企画，阿部和子・梅田優子・久富陽子・前原寛（2012）保育者論，萌文書林.

厚生労働省編（2018）保育所保育指針解説，フレーベル館.

田中亨胤・尾島重明・佐藤和順編著（2006）保育者の職能論，ミネルヴァ書房.

越後哲治・田中亨胤・中島千恵編著（2011）保育・教育を考える―保育者論から教育論へ，
　あいり出版.

田中亨胤・越後哲治・中島千恵・岡崎公典（2010）人間形成の基本原理―子どもたちの幸
　せのために，あいり出版.

保育福祉小六法編集委員会編（2019）保育福祉小六法　2019 年版，みらい.

上笙一郎・山崎朋子（1994）日本の幼稚園，筑摩書房.

二葉保育園編著（1985）二葉保育園八十五年史，二葉保育園.

第1章3

川原佐公・古橋紗人子編著（2016）シードブック　乳児保育〔第4版〕―科学的観察力と優
　しい心―，建帛社.

粂幸男編（2003）乳児保育，近畿大学豊岡短期大学通信教育部.

中村強士（2009）戦後保育政策のあゆみと保育のゆくえ，新読書社.

浦辺史・宍戸健夫・村山祐一編（1981）保育の歴史，青木書店.

第2章1

厚生労働省編（2018）保育所保育指針解説，フレーベル館.

日本発達心理学会編（2018）社会的認知の発達科学　発達科学ハンドブック9，新曜社.

OECD 編著, 無藤隆・秋田喜代美監訳 (2018) 社会情動的スキル―学びに向かう力, 明石書店.

寺見陽子 (2015) 乳児保育. 新保育士養成講座　第11巻　保育内容総論, 全国社会福祉協議会.

第2章2

板倉昭二 (2016) 乳児における向社会行動の知覚―乳児にとってのナイス・エージェントとは？―. エモーション・スタディーズ, **2** (1), 3-9.

鹿子木康弘 (2014) 発達早期における向社会性―その性質と変容. 発達心理学研究, **25** (4), 443-452.

川原佐公監修, 古橋紗人子編著 (2010) 赤ちゃんから学ぶ「乳児保育」の実践力―保育所・家庭で役立つ―, 保育出版社.

川原佐公・古橋紗人子編著 (2016) シードブック　乳児保育〔第4版〕―科学的観察力と優しい心―, 建帛社.

新保育士養成講座編纂委員会編 (2015) 新保育士養成講座6　保育の心理学, 全国社会福祉協議会.

善明宣夫編著：(2013) 学校教育心理学, 福村出版.

武安保監修, 塩見剛一・成山文夫・西本望・光成研一郎編著 (2018) 教育のイデア, 昭和堂.

中瀬惇 (2010) 新版K式発達検査にもとづく発達研究の方法, ナカニシヤ出版.

服部照子・岡本雅子編著 (2012) 保育発達学, ミネルヴァ書房.

第2章3 (1)

全国保育士会編 (2018) 改定保育所保育指針・解説を読む, 全国社会福祉協議会.

汐見稔幸 (2017) 2017年度告示　新指針・要領からのメッセージ―さあ, 子どもたちの「未来」を話しませんか, 小学館.

秋田喜代美・小西祐馬・菅原ますみ編著 (2016) 貧困と保育　社会と福祉につなぎ, 希望をつむぐ, かもがわ出版.

無藤隆編著 (2018) 育てたい子どもの姿とこれからの保育―平成30年度施行　幼稚園・保育所・認定こども園　新要領・指針対応―, ぎょうせい.

無藤隆・汐見稔幸編著 (2017) イラストで読む！幼稚園教育要領　保育所保育指針　幼保連携型認定こども園教育・保育要領　はやわかりBOOK, 学陽書房.

日本保育学会編 (2016) 保育学講座3　保育のいとなみ―子ども理解と内容・方法, 東京大学出版会.

日本保育学会編 (2016) 保育学講座4　保育者を生きる―専門性と養成, 東京大学出版会.

総合人間学会編 (2015) 総合人間学9　〈居場所〉の喪失, これからの〈居場所〉―成長・競争社会とその先へ, 学文社.

子どもと保育総合研究所編 (2013) 子どもを「人間としてみる」ということ―子どもとともにある保育の原点―, ミネルヴァ書房.

汐見稔幸 (2018) 汐見稔幸　こども・保育・人間　子どもにかかわるすべての人に, 学研プラス.

汐見稔幸・久保健太編著 (2016) 保育のグランドデザインを描く―これからの保育の創造にむけて―, ミネルヴァ書房.

第2章3 (3)

西野精治 (2017) スタンフォード式最高の睡眠, サンマーク出版.

宮崎総一郎・佐藤尚武編著 (2013) 睡眠と健康, 放送大学教育振興会.

192 参考文献

宮崎総一郎・佐藤尚武ほか編著（2016）睡眠学入門ハンドブック：睡眠の基礎知識〔第3版〕，日本睡眠教育機構.

第2章3（4）

川原佐公・古橋紗人子編著（2016）シードブック 乳児保育〔第4版〕―科学的観察力と優しい心―，建帛社.

佐々木正美（2011）完 子どもへのまなざし，福音館書店.

厚生労働省（2018）保育所における感染症対策ガイドライン（2018年改訂版）.

水野克己（2017）お母さんがもっと元気になる乳児健診〔第2版〕，メディカ出版.

第3章

Ainsworth, M.D.S., Blehar, M.C., Waters, E. & Wall, S. (1978) Patterns of Attachment：A Psychological Study of the Strange Situation. Hillsdale, NJ：Lawrence Erlbaum Associates.

Bowlby, J. (1969/1982) Attachment and Loss, Vol 1 Attachment. Basic Books, New York. 黒田実郎・大羽蓁・岡田洋子・黒田聖一訳（1976/1991）母子関係の理論Ⅰ 愛着行動，岩崎学術出版社.

Bowlby, J. (1973) Attachment and Loss, Vol 2 Separation. Basic Books, New York. 黒田実郎・岡田洋子・吉田恒子訳（1997）母子関係の理論Ⅱ 分離不安，岩崎学術出版社.

Bowlby, J. (1980) Attachment and Loss, Vol 3 Loss. Basic Books, New York. 黒田実郎・吉田恒子・横浜恵三子訳（1981）母子関係の理論Ⅲ 対象喪失，岩崎学術出版社.

遠藤利彦（2018）アタッチメントが拓く生涯発達. 別冊発達（特集 最新・アタッチメントからみる発達），**153**，2-9.

遠藤利彦（2017）赤ちゃんの発達とアタッチメント―乳児保育で大切にしたいこと，ひとなる書房.

遠藤利彦（2016）子どもの社会性発達と子育て・保育の役割. 秋田喜代美監修，山邉昭則・多賀厳太郎編著：あらゆる学問は保育につながる―発達保育実践政策学の挑戦，東京大学出版会，pp.225-250.

初塚眞喜子（2010）アタッチメント（愛着）理論から考える保育所保育のあり方，相愛大学人間発達研究所 人間発達学研究 創刊号，pp.1-16.

初塚眞喜子（2016）アタッチメント（愛着）理論から考える保育のあり方. 教育と医学（特集 今こそ「子どものための保育」を），**762**，28-39.

Heckman, J. (2013) Giving Kids a Fair Chance. Cambridge, MIT Press. 大竹文雄解説，古草秀子訳（2015）幼児教育の経済学，東洋経済新報社.

数井みゆき・遠藤利彦編著（2005）アタッチメント―生涯にわたる絆，ミネルヴァ書房.

数井みゆき・遠藤利彦編著（2007）アタッチメントと臨床領域，ミネルヴァ書房.

数井みゆき（2005）「母子関係」を越えた親子・家族関係研究. 遠藤利彦編著：発達心理学の新しいかたち，誠信書房.

Nelson, C.A., Fox, N.A. & Zeanah, C.H. (2014) Romania's Abandoned Children：Deprivation, Brain Development and the Struggle for Recovery. Harvard University Press, Cambridge.

野澤祥子（2018）保育の場におけるアタッチメント. 別冊発達（特集 最新・アタッチメントからみる発達），**153**，55-60.

野澤祥子・淀川裕美・高橋翠・遠藤利彦・秋田喜代美（2016）乳児保育の質に関する研究

の動向と展望，東京大学大学院教育学研究科紀要，**56**，399-419.

Winnicott, D.W.（1989）Psycho-analytic Exploration.（Winnicott, C., Shepherd, R. & Devis, M. *eds.*）Harvard University Press, Cambridge.，北山修監訳（1998）精神分析的探究 2，岩崎学術出版社.，牛島定信監訳（1999）精神分析的探究 3，岩崎学術出版社.

Winnicott, D.W.（1971）Playing and Reality. Tavistock Pub. Ltd, London. 橋本雅雄・大矢泰士訳（2015）改訳 遊ぶことと現実，岩崎学術出版社.

Winnicott, D.W.（1960）The Theory of the Parento-Infant Relationship. *International Journal of Psycho-Analysis*, **41**, 585-595.

第 4 章

厚生労働省（2018）保育所保育指針解説，フレーベル館.

神長美津子監修（2018）年齢別クラス運営　0 歳児の保育，ひかりのくに.

川原佐公（1997）乳児保育総論，保育出版社.

川原佐公・古橋紗人子編著（2016）シードブック 乳児保育〔第 4 版〕―科学的観察力と優しい心―，建帛社.

第 5 章 1 ～ 3

高山静子（2014）環境構成の理論と実践，エイデル研究所.

鈴木八朗（2015）40 のサインでわかる乳幼児の発達，黎明書房.

コダーイ芸術教育研究所（2006）乳児保育の実際，明治図書出版.

樋口正春（2013）根っこを育てる乳児保育，ちゃいるどネット大阪.

全国社会福祉協議会（2009）「機能面に着目した保育所の環境・空間に係る研究事業」総合報告書，全国社会福祉協議会.

第 5 章 4

大宅桃子・原田和典・川井敬二（2016）幼児の単語了解度に対する室内音響条件の影響に関する実験，日本建築学会大会学術講演梗概集（九州），No.40024，pp.47-48.

藤原早織・緒方太一・川井敬二（2014）保育空間の音環境に関する現場調査～保育士への聴力検査とインタビュー～，日本建築学会大会学術講演梗概集（近畿），No.40041，pp.47-48.

上野佳奈子・宮塚健・野口紗生・船場ひさお・倉斗綾子（2017）音環境に着目した保育施設の実態調査，日本建築学会環境系論文集　第 82 巻，pp.87-94.

野口紗生・小西雅・及川靖広・山﨑芳男（2012）幼児の学習活動に着目した一斉保育活動場面における音環境の把握，日本建築学会計画系論文集　第 77 巻，pp.301-307.

日本建築学会（2008）学校施設の音環境保全規準・設計指針，丸善出版.

第 6 章 1

ヨハン・ホイジンガ著，高橋英夫訳（1971）ホモ・ルーデンス　人類文化と遊戯，中央公論社.

ロジェ・カイヨワ著，清水幾太郎・霧生和夫訳（1970）遊びと人間，岩波書店.

ジャン・ピアジェ著，大伴茂訳（1988）遊びの心理学，黎明書房.

ジャック・アンリオ著，佐藤信夫訳（2000）遊び［新装復刊版］，白水社.

青木久子・川邉貴子（2015）遊びのフォークロア，萌文書林.

レイチェル・カーソン著，上遠恵子訳（1996）センス・オブ・ワンダー，新潮社.

194　参考文献

今井和子（2002）自我の育ちと探索活動，ひとなる書房.

中田基昭編著，大岩みちの・横井紘子（2016）遊びのリアリティー，新曜社.

佐藤学監修（2011）驚くべき学びの世界，ACCESS.

第6章2

福音館書店母の友編集部編，阿部ヤヱ（2002）「わらべうた」で子育て　入門編，福音館書店.

福音館書店母の友編集部編，阿部ヤヱ（2003）「わらべうた」で子育て　応用編，福音館書店.

畑玲子・知念直美・大倉三代子（1994）わらべうたあそび　春・夏，明治図書出版.

岩井正浩（2008）わらべうた・遊びの魅力，第一書房.

第6章3

瀧薫（2010）絵本と保育，エイデル研究所.

第6章4

村田夕紀（2018）0・1・2歳児　遊んで育つ手づくり玩具，ひかりのくに.

第6章5

奥美佐子（2016）0，1，2歳児の造形あそび，ひかりのくに.

奥美佐子（2017）3，4，5歳児の造形あそび，ひかりのくに.

第6章6

岩崎光弘（1993）リトミックってなあに，ドレミ楽譜出版社.

津村一美（2010）乳幼児のリトミックあそび　はじめの一歩，黎明書房.

石丸由理（2017）基礎からわかるリトミック！リトミック！，ひかりのくに.

児童育成協会監修，松田博雄・金森三枝編（2016）基本保育シリーズ⑩　子どもの保健Ⅰ，中央法規出版.

芸術教育研究所・おもちゃ美術館編（1990）0〜5歳児のリトミック指導，黎明書房.

繁多進監修（2010）新 乳幼児発達心理学，福村出版.

第7章1（1）（2）

厚生労働省（2018）保育所における感染症対策ガイドライン（2018年改訂版）.

田中哲郎（2016）保育士による安全保育，日本小児医事出版社.

伊東和雄・中村徳子（2006）保育預かり初期のストレスとSIDS危険因子の関係について．小児保健研究，**65**（6），836-839.

第7章1（3）

田中哲郎（2016）保育士による安全保育，日本小児医事出版社.

田中哲郎・石井博子・内山有子，他（2010）子どもの性格や母親の事故に対する考え方と子どもの事故発生との関連．保健と保育，**16**，55-62.

川原佐公監修，古橋紗人子編（2010）赤ちゃんから学ぶ「乳児保育」の実践力，保育出版社.

内閣府（2016）教育・保育施設等における事故防止及び事故発生時の対応のためのガイドライン〜施設・事業者向け〜．，https://www8.cao.go.jp/shoushi/shinseido/meeting/kyouiku_hoiku/pdf/guideline1.pdf

第7章2（1）

千葉武夫（2012）平成23年度児童関連サービス調査研究等事業報告書　保育所の災害時におけるマニュアルに関する調査研究，こども未来財団.

千葉武夫（2016）幼稚園・保育所・認定こども園における災害に対応した人的システムに

関する調査研究. 科学研究費報告書（25516022）.

清水益治・千葉武夫（2016）幼稚園・保育所・認定こども園における災害マニュアルの実態. 帝塚山大学現代生活学部紀要, **12**, 75-84.

第8章1・2

原田正文（2006）子育ての変貌と次世代育成支援. 名古屋大学出版会.

中谷奈津子（2018）未婚男女における結婚意欲の関連要因. 日本家政学会誌, **69**（2）, 105-114.

久保桂子（2015）保育園児を持つ母親の仕事と子育ての葛藤. 千葉大学教育学部研究紀要, **63**, 279-286.

大豆生田啓友（2015）育児不安. 森上史朗・柏女霊峰編：保育用語辞典〔第8版〕, ミネルヴァ書房, 356-357.

鶴宏史（2018）保育者に求められる基本的姿勢. 中谷奈津子・鶴宏史・関川芳孝編著：保育所・認定こども園における生活課題を抱える保護者への支援, OMUP ブックレット No.61, 大阪公立大学共同出版会, 26-28.

厚生省（1998）厚生白書（平成10年版）, ぎょうせい.

第8章3

古橋紗人子・川原佐公・藤本員子・田中三千穂監修・編著（2013）0, 1, 2歳児のプロの連絡帳の書き方, ひかりのくに, pp.7-43.

第8章4

中谷奈津子・鶴宏史・関川芳孝編著（2018）保育所・認定こども園における生活課題を抱える保護者への支援, OMUP ブックレット No.61, 大阪公立大学共同出版会.

第9章2（1）

家庭的保育研究会（2018）地域型保育の基本と実践, 福村出版.

第9章2（2）

厚生労働省子ども家庭局家庭福祉課（2019）社会的養育の推進に向けて, https://www.mhlw.go.jp/content/000474624.pdf

厚生労働省雇用均等・児童家庭局（2012）乳児院運営指針, https://www.mhlw.go.jp/bunya/kodomo/syakaiteki_yougo/dl/yougo_genjou_05.pdf

全国乳児福祉協議会広報・研修委員会編（2015）改訂新版 乳児院養育指針, 全国社会福祉協議会・全国乳児福祉協議会.

第9章3

中谷奈津子（2014）子育て支援とパートナーシップ. 岡元行雄・川崎澄雄編著：新パートナーシップの家族社会学, 学文社, pp.107-126.

中谷奈津子・鶴宏史・関川芳孝編著（2018）保育所・認定こども園における生活課題を抱える保護者への支援, OMUP ブックレット No.61, 大阪公立大学共同出版会.

Siraj, I. & Manni, L.（2007）*Effective leadership in the early years sector: The ELEYS study. London: The Institute of Education*, University of London.

OECD 編著, 星三和子ほか訳（2011）OECD 保育白書：人生の始まりこそ力強く, 明石書店.

さくいん

＊イタリック体は，次頁以降にわたり同一語が出現することを示す

あ 行

愛着……………… 3, *51*
遊び ………………… *101*
遊びの位置づけ……… 103
アタッチメント
　…… 3, 18, 22, *51*, 180
アタッチメント行動……52
アタッチメントの発達…60
安心できる場所………92
安全管理…………… 141
安全基地……… 18, 59, 66
安全基地のネットワーク
　………………………67
安全な環境……………90
育児・介護休業法…… 150
育児不安…………… 152
一時預かり保育……… 162
一貫性…………………66
運動機能の発達…………24
絵本………………… 110
嘔吐………………… 133
応答性…………………66
屋外の環境……………98
音環境…………………99
オノマトペ………… 112
おむつ交換……… 46, 95
おもちゃ…………… 117

か 行

概日リズム……………40
火災………………… 147
感染症……………… 131
基本的信頼感……………54
虐待……………………31
教育基本法………… 103
共感……………………55
くっつく………………51
首のすわり……………25
下痢…………… 45, 132
言語発達………………26
語彙爆発………………27
誤飲・誤嚥………… 139
子育て支援…………… *150*
子育ての社会化……… 182
言葉がけ………………27
子ども・子育て支援新制度
　…………………… 174
子どもと防災……… 144
子どもの健康・安全… 130
子どもの権利条約…… 103
子どもの最善の利益… 153
子どもの貧困…………30
個別指導計画…………82

さ 行

サーカディアン・リズム
　………………………40

三歳児神話……… 11, 151
自己決定の尊重……… 154
自己肯定感……… 54, 126
地震………………… 147
SIDS ……………… 138
室内の環境……………96
児童虐待…………… 161
指導計画…………… *73*
児童の権利に関する条約
　…………………… 103
児童福祉法………… 1, 10
社会情動的スキル……… 3
社会的微笑……………21
授乳栄養………………34
受容的態度………… 154
小規模保育………… 174
象徴遊び………………27
情緒の安定……………32
食育……………………33
食事の環境……………93
自立……………………54
自立支援計画……… 181
人口減少社会……… 173
新生児…………………20
新生児微笑……………21
新生児模倣……………22
睡眠………………… *37*
スキャモンの発育曲線… 126
スクリブル………… 123
スピッツ，R. ………21

さくいん　*197*

生活リズム………… 37, 40
静睡眠…………………………39
生命の保持………………31
生理的早産………………20
生理的微笑………………21
咳………………………… 135
全体的な計画……………73
造形………………… 121

た 行

大学における子育て支援
　……………………… 168
待機児童……………… 171
抱っこ………………………61
探索活動…………………59
地域型保育…………… 174
窒息……………………… 139
溺死・溺水…………… 140
手づくり玩具………… 118
転倒・転落…………… 140
動睡眠…………………………39

な 行

なぐりがき…………… 123
二重感覚…………………22
乳児院………………… 179
乳児に多い事故…… 139
乳児の造形活動……… 123
乳児保育の一般化………12
乳児保育の課題……… 182
乳児ボツリヌス菌………35

乳幼児突然死症候群… 138
認知的スキル…………… 3
眠る環境…………………94

は 行

排泄……………………… *43*
排泄介助…………………43
排泄の環境………………95
バイタルサイン……… 131
ハイハイ…………………25
発達……………………16
発達区分…………………17
発達のプロセス…………57
発熱…………………… 132
歯みがき…………………47
ピアジェ , J. ……… 102
PDCA サイクル… 82, 143
日頃の備え…………… 149
人見知り…………………58
避難訓練……………… 146
非認知的能力… 3, 9, 68
ヒヤリ・ハット… 141, 143
表象機能…………………27
敏感性……………………66
不審者対応…………… 148
ブックスタート… 114, 167
プライバシーの保護… 154
フレーベル , F.W.A. …… 8
分離不安…………………58
ベビーホテル…………… 11
便秘……………………46

保育士不足…………… 183
保育者像………………… 7
保育者のメンタルヘルス…70
保育者の役割………… 9
保育者のワーク・
　ライフ・バランス… 185
保育所の特性を生かした
　支援………………… 155
保育所の普及…………10
保育所保育指針… 2, 6, *14*
保育の質と量の両立… 173
保育の振り返り………81
ボウルビィ , J. ………22
保活………………… 172
母子関係…………………55
母子保健法……………… 1
発疹…………………… 135
ポルトマン , A. ………20

ま行・や行

むし歯……………………49
養護…………………… *29*
読み語り……………… 113

ら行・わ行

リトミック…………… 126
離乳食……………………34
臨界期……………………19
連携施設……………… 178
連絡帳………………… 156
わらべうた…………… 107

執筆者・執筆担当

〔編著者〕

古橋紗人子	元滋賀短期大学教授	第2章コラム,
	山手台保育園・彩都保育園保育アドバイザー	デイリープログラム（巻末資料）
中谷奈津子	神戸大学大学院人間発達環境学研究科准教授	第8章1・2，第9章3

〔著者〕（五十音順）

飯盛　順子	滋賀短期大学非常勤講師	第7章1(1)・(2)
上野　明美	画家，絵本作家	第6章3
枝重　奈々	彩都保育園副園長	第7章2(2)
荻田　純久	滋賀短期大学幼児教育保育学科教授	第2章2
奥　美佐子	神戸松蔭女子学院大学教育学部教授	第6章1・5
加藤ひとみ	家庭的保育園まみぃ園長	第9章2(1)
久保田悦子	たんぽぽアミーゴ保育園園長	第6章6
栗林　惠	むつみこども園園長	第7章1(3)
佐藤　尚武	滋賀大学・滋賀短期大学名誉教授	第2章3(3)
坂本　容子	たんぽぽ学園副園長	第8章3
清水　益治	帝塚山大学教育学部教授	第1章1，第7章2(1)
杉本　一久	宇治福祉園理事長	第9章1
関口　俊也	藤こども園副園長	第4章
田中　大	ふたばこども園副園長	第5章4
俵本　寛明	ビーバー小児歯科副院長	第2章3(5)
寺見　陽子	神戸松蔭女子学院大学教育学部教授	第2章1
内藤　幸枝	滋賀短期大学非常勤講師	第5章1～3
楢山　悦子	聖母託児園副施設長	第9章2(2)
初塚眞喜子	相愛大学名誉教授	第3章
濱崎　格	浦堂認定こども園園長	第2章3(1)
原　知子	滋賀短期大学生活学科教授	第2章3(2)
原　直美	神戸市保育所長	第8章4
藤井麻衣子	藤井クリニック医師	第2章3(4)
堀田　浩之	飯田女子短期大学幼児教育学科准教授	第1章2・3
前川　頼子	滋賀短期大学幼児教育保育学科教授	第8章6
武藤　美香	たんぽぽtriangle学園副園長	第6章4
森　宇多子	藤こども園総合園長	第8章5
藪口　実香	大冠保育園主任保育士	第6章2

シードブック

乳児保育Ⅰ・Ⅱ─科学的観察力と優しい心─

2019 年（令和元年）7 月 5 日　初版発行

編 著 者	古 橋 紗 人 子
	中 谷 奈 津 子
発 行 者	筑 紫 和 男
発 行 所	株式会社 **建 帛 社** KENPAKUSHA

〒 112-0011　東京都文京区千石 4 丁目 2 番 15 号
TEL　（03）3944-2611
FAX　（03）3946-4377
https://www.kenpakusha.co.jp/

ISBN978-4-7679-5097-6　C3037　　　　　　教文堂／田部井手帳
Ⓒ古橋紗人子，中谷奈津子ほか，2019　　　Printed in Japan
（定価はカバーに表示してあります）

本書の複製権・翻訳権・上映権・公衆送信権等は株式会社建帛社が保有します。
JCOPY〈出版者著作権管理機構　委託出版物〉
本書の無断複製は著作権法上での例外を除き禁じられています。複製される
場合は，そのつど事前に，出版者著作権管理機構（TEL 03-5244-5088，
FAX 03-5244-5089，e-mail : info@jcopy.or.jp）の許諾を得て下さい。